“十四五”时期国家重点出版物出版专项规划项目

杰出人物的青少年时代［文库］

傅抱石

山谷——著

中国青年出版社

傅抱石

傅抱石

Fu Bao Shi

1904年10月5日—1965年9月29日

傅抱石，1904 年 10 月 5 日生于江西南昌，祖籍江西省新喻县（今新余市）北岗乡樟塘村。1926 年毕业于江西省立第一师范艺术科并留校任教，1932 年赴日本留学，1935 年回国后在中央大学教育学院艺术科任教，1943 年任国立艺术专科学校校长秘书兼国画系主任。中华人民共和国成立后，在南京大学师范学院艺术系、南京师范学院美术系任教授，1960 年任江苏省国画院院长。曾任中国美术家协会副主席、中国美术家协会江苏分会主席，并当选第二届政协全国委员会委员、第三届全国人民代表大会代表。

傅抱石秉承“其命唯亲”的宗旨，以崇高的艺术理想和丰硕的创作成果，为中国画开辟新境界做出了突出的贡献，为新时代中国画创新起到了继往开来的作用；一生创作了 3000 多幅中国画作品，每幅皆是中国当代艺术不朽的杰作。他不仅是开创一代新风的国画大师，同时也是优秀的篆刻家和美术教育家、中国美术史论的开拓者与奠基人。生平共完成了 150 余种（篇）美术论著、论文，发掘和阐述了中国艺术的本质与精神，是 20 世纪艺术研究珍贵的遗产。

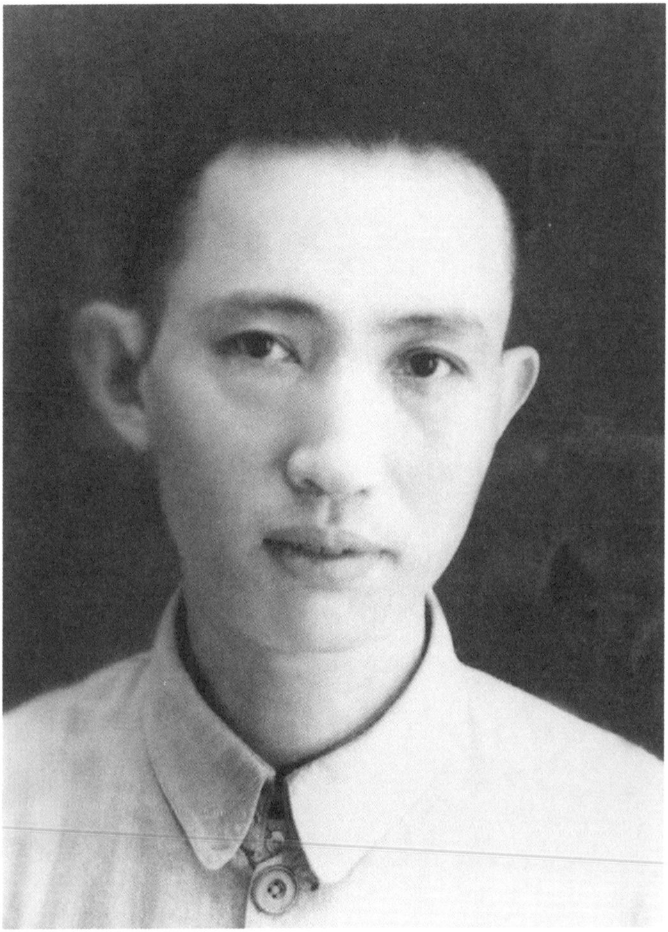

目录

第一章

艰难困苦，玉汝于成

古人言：故天将降大任于斯人也，必先苦其心志，劳其筋骨，饿其体肤，空乏其身，行拂乱其所为，所以动心忍性，曾益其所不能。

翻译成现代语言，就是：上天要把重任降临在某人的身上，一定先要使他心意苦恼，筋骨劳累，使他忍饥挨饿，使他身处贫困之中，使他的每一行动都不如意，这样来激励他的心志，使他性情坚忍，增加他所不具备的能力。

这段话对于日后功成名就的画家傅抱石来说是再适合不过的了，据不完全统计，在他短暂的61年生命历程中，大约共写作150余篇（本）学术著作，计约240余万字，创作国画作品2000余幅，篆刻印章2000余方，还有近300幅未完成的画稿和几十篇书稿。

这是一个什么概念？对于一个作家来说，有200多万字的作品，就相当不错了；对于一位画家，能有2000多幅画作，也可算一个勤快的画家；而2000多方印章，对于从事篆刻艺术的，更是了不起的成就；而这些成就都集中在傅抱石个人一身，就不能不让人为之惊叹！

贫困家世

清光绪三十年八月二十六日（公元1904年10月5日），江西南昌的一条穷街陋巷内的“傅得泰”修伞铺，诞生了一个男婴。其父母在此之前曾生育过多个孩子，都不幸夭折，只存活一个女孩，取名招娣，意思是希望能招来个弟弟，天不负人愿，果然在女儿8岁那年，父母如愿以偿，生了个儿子。父母如获至宝，怕再遭夭折，取乳名叫长生，家谱上名中洲，字庆远。

这个生在贫困人家的男孩，日后就是享誉世界的国画大师傅抱石！

男婴长生能吃能睡，就是双目紧闭，父母担心是个瞎子，男婴直到满月才睁眼，白白胖胖活泼可爱，是个健康的孩子，这才了却父母心思。长生还有个奇异之处，就是左腿一侧有个朱砂胎记，十分显眼，及长，有算命先生说此是大贵之相，但他此后就不曾外穿过短裤……

长生的父亲名叫傅得贵，清同治壬戌年九月二十四日（公元1862年11月15日）生人，谱名文苡，字聚和，他不是南昌本地人，老家在袁水中游、江西省中部偏西的新喻县（今新余市）城东30公里的罗坊镇北岗樟塘村，是一个偏僻的小村，全村只有50多户农家，全姓傅，与周围其他村落傅姓家族合称“喻东十伦堂”。傅得贵生于赤贫人家，其父也就是长生的祖父，名叫傅天纯，字聪明，号开五，当了一辈子长工，中年才娶黎姓女子为妻……不幸的是，傅天纯年近半百时因肺病去世，妻子被迫改嫁。得贵十来岁时即为地主割草放牛，因与地主儿子吵架顶嘴，被对方五齿钉耙扎中后背，血流不止昏死过去，母亲寻土方采草药为之疗伤，折腾数月才逐渐好转，又不幸患肺病咯血，贫病不胜农事，既不能依赖继父，又无亲友可以投靠，最后只得顺水东下远走南昌治病谋生，从此背井离乡，再也没有回去过。

*
祖籍地樟塘村

傅得贵先是在南昌新喻会馆寄宿，曾进兵营当过一段时间的伙夫，打过零工做过杂活卖过“破烂”，后来遇到一位走街串巷挑担补伞的老人何立堂，无事时便帮他挑挑担，次数一多，两人开始熟悉起来，一老一少抱团取暖。何立堂老伴早亡，膝下无子，孤苦伶仃，住在离新喻会馆不远的、省臬台衙门后墙外的贫民聚集的棚户区，有间仅可容身的店铺，但生意不好，上门补伞的人很少，因此常常挑担外出游走四方招徕生意。他觉得傅得贵这个年轻人不错，诚实、善良，于是动了收他为徒的心思，一是有人帮衬可以减轻自己的体劳，二是生活中能互相有个照应；傅得贵也乐意学个手艺，“荒年饿不死手艺人”，总比没有固定职业每天在外游荡揽活、吃了上顿没下顿的日子强，于是欣然拜何立堂老人为师。补伞是个手艺活，伞分阳伞、雨伞，伞骨有竹子的有金属的，伞面有布面的有油纸面的，老人一一教授，得贵心灵手巧，很快就掌握修伞的全部技艺！

何立堂和傅得贵既是师徒，又情同父子，两人结伴生活，相依为命。几年后，何立堂病故，遗嘱将自己的房产连同家什、工具等悉数由傅得贵继承，傅得贵也如同儿子般妥帖处理老人的一切后事……

“傅得泰”伞铺

傅得贵成了专业修伞匠，挑担走街串巷，数年之后积累了点本钱便把破屋略加整修，在门口挂起一块大招牌，取字号“傅得泰”，做起门面生意，由于手工技艺精到，为人忠厚老实，所以生意尚可。

傅得贵 31 岁左右，与来自鄱阳湖南岸新建县农村的童养媳、年仅 15 岁的徐氏结婚。徐氏性格倔强，因反抗婆家虐待，只身逃难到南昌投奔姨妈，原本想帮佣为生，姨妈却认为到有钱人家干活，免不了还要受欺负，不如选个老实本分的男人嫁了，有个终身依靠。姨妈相中了同条巷子居住的傅得贵，虽然年纪相差很多，但是男方有手艺，诚实可靠，于是从中撮合，成就了这桩婚姻。

长生出生时，父亲傅得贵已经 43 岁，母亲 29 岁，姐姐招娣 8 岁，一家人生活困苦异常，挣扎在贫困线

*

傅抱石母亲徐氏

上。但母亲徐氏为人刚直，作风豪爽，济困扶危，任侠好义，虽贫穷却常行善事，以助人为乐。她虽不识字，却有主见，自称“穷不怕”，喜欢广交朋友，会吸旱烟，又能喝酒，结拜了不少兄弟姐妹。她爱帮助别人，平时对邻里的事都很关心，又善于说理，好打不平，往往一声如雷，大家都很服她。傅抱石乐于助人，作品大气恢宏，自有母亲的一份影响。她自觉命苦，认为自己的一生已被断送，就把一切希望寄托在儿子身上。

江西景德镇是著名瓷都，在省会南昌即便是穷人家也多有瓷器摆设。民国瓷器上多有绘画装饰，长生长到与桌子一般高时，对瓷碗、瓷壶上的花纹，诸如花、鸟、山、树、天女散花、牛郎织女等，有着强烈的兴趣，常常驻足观看，后来便认认真真地描摹，越画越像。关于这一时期的学习情况，画家秦宣夫回忆傅抱石时说：“他曾对我谈到在南昌某裱画店去看画、临画；他很敬佩画店的某老师傅在小桌上画大画——有着把一张大纸卷起来，局部放开画好，逐渐画完全部而不出差错的惊人本领。”母亲徐氏颇有见识，由于傅抱石幼年体弱多病，不宜从事繁重劳动，她认定儿子只有习文才有出路，因此乐意儿子描红着绿，一心一意想方设法让儿子读书。

“傅得泰”修伞铺东隔壁小木屋住着孤零一身的卖炭翁熊典宝，平时两家互相照顾，熊老汉70多岁了，看着长生从小长大，觉得这孩子聪明伶俐，却很瘦弱，分外怜爱，几乎每天都要花几个铜板买些猪头肉、杂碎之类的肉食，偶尔也会买盘木耳炒肉丝端过来，看着他吃完，长生也对老人十分依恋，认作义父。熊典宝日渐年迈体衰，炭铺门庭冷落，入不敷出，这时傅得贵也因操劳过度，肺病复发，经常卧床，长生就恳求父母收留熊典宝，让他帮助修补阳伞，有饭大家吃，互相温暖。

负责棚户区治安的是位陶姓巡警，常在伞铺歇脚，喝口水，与长生一家渐渐熟悉，他发现年仅6岁的小长生与相仿年纪的儿童不同，聪慧异常，描摹瓷器上的彩绘或青花图案十分逼真，觉得这孩子是个有前程的苗子，于是便对长生母亲说，我来教他认字如何？于是每天抽空过来教长生认字，从数字到单词，一一相授，长生果然不负期望，过目不忘，从而开始了人生启蒙……时间一长陶巡警便觉得自己的那点文化知识不够用了，他是热心人，于是找到在新喻会馆里面开私塾的前清老秀才，请他相助。小长生便在陶巡警的帮助下，进入新喻会馆俞家私塾“附读”，自带板凳，算是个旁听生，诵读《三字经》《幼学琼林》之类……

印痴

“傅得泰”伞铺位于贫民聚集的棚户区，巷内有各行各业的小商小贩，剃头的、修脚的、收旧货的，有开门面商铺的也有摆地摊买卖的，还有穿梭往来的流动摊贩，各色人等，喧嚣繁杂。在熊典宝卖炭小屋门口有个刻字摊，摊主姓郑，每天坐在那儿帮助人家刻图章，小桌上放着木制印床、刻刀、各种材质的印料，以及笔墨纸砚等。郑老板下刀刻印前，总要翻一本名叫《康熙字典》的书，找出需要的字，照着写在薄纸上再反贴到印章上，然后才动刀，而刻印出来的图章用印泥钤盖，有白有红，方寸之间各不相同的小字参差排列，煞是奇妙也有趣有味……这一切强烈地引起长生的兴趣，认为比修补雨伞有意思多了，常常在摊边流连不愿离去，往往一看就是半天。摊主郑老板看见这个小孩如此痴迷，便送他刻刀和石料，让他试着刻图章。这种尝试无形之中在长生面前打开了一个新天地，开启了他的艺术道路之门。

童年的兴趣爱好，显示了傅抱石很高的艺术禀赋。他后来在《傅抱石所造印稿自序》中，回忆自己从刻印起步的艺术经历，说：

> 抱石性喜印，七八岁时每节饼饵之费，向坊间

*

黄侃题写傅抱石所造印稿

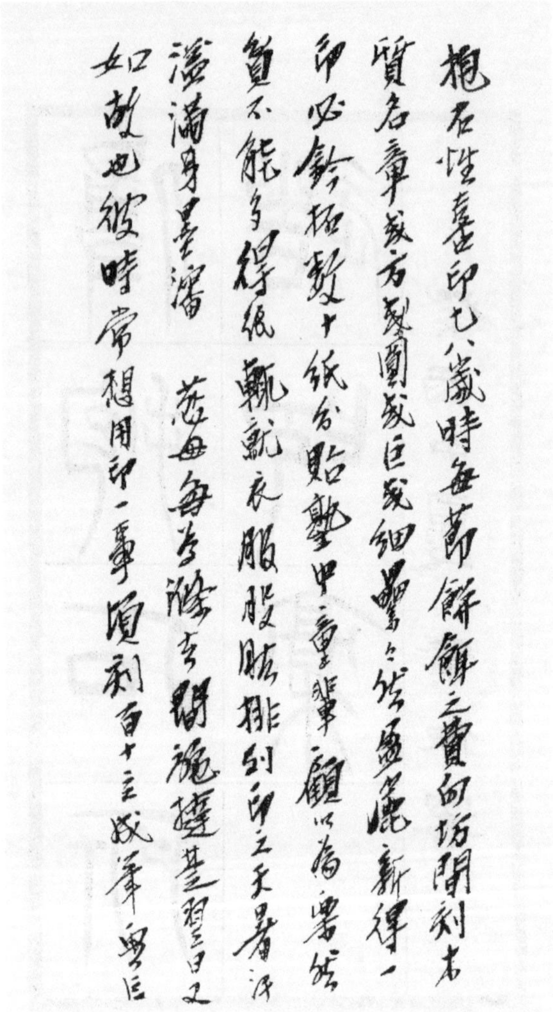
抱石性喜印七八歲時每節餘錢之費向坊間刻者
質各章幾方製圓幾直幾細畧々然盈篋新得一
印必鈐拓數十紙分貽戚黨中壹輩顧以為累然
質不能多得紙輒就衣服股肱排列印之天暑汗
淫滿身墨漬　蓋母每為滌去輒施撻楚習日久
如故也彼時常想用印一事須刻百十五城筆與臣

*

傅抱石所造印稿自序

刻木质名章，或方或圆，或巨或细，累累然盈箧。新得一印，必钤拓数十纸分贻塾中童辈，顾以为乐。然贫不能多得纸，辄就衣服股肱排列印之，天暑汗溢，满身墨渖，慈母每为涤去，间施挞楚，翌日又如故也。彼时常想，用印一事，顷刻百十立成，笔划巨细，毫厘弗爽，世人何愚，惟劳笔墨，舍此捷涂？故暇则即握刀，锥取破砚碎石之属，就膝攻之。砚坚滑，皮破血流，不以为苦。先府君文苡公操艺糊口，备极辛酸，石又羸弱，亲朋咸谓不寿，益动顾惜，乃缩衣食携之就傅。夫窭人之子本无重望，虽终日执刀袋石而归来，仍给制钱二三十文，挥使嬉游，盖怵其不寿，爱之綦切。旋得《康熙字典》一部，始能刻白文篆书。

"旋得《康熙字典》"一事，是指已经出嫁了的姐姐的丈夫胡姓厨师，在长生生病的时候买来该书送给他。有了这部字典，长生如虎添翼，每天对着字典学写篆书，还练就了将篆字直接反写在印章上的本领，技艺突飞猛进。

除了习玩刻印，长生还常去西邻的一家裱画铺，这里自然别有一番风光，天地亦为之一变。老板姓刘，开家夫妻店，并无伙计，长生常在店里观摩，并相帮着干些下手活，递递棕刷、排笔、尺刀之类，面对各种名人字画，他激动不已，两眼闪闪发光，不但能看清楚真迹表现的内容，还能揣摩到作者的笔意，看得入迷时，脑子随着画上的笔势运转，仿佛自己也在作画。虽然身居穷街陋巷，但刻印和裱画这样的艺术氛围却给了长生终生的影响，奇异的艺术种子在心里萌芽——所有的机缘都是为有心人准备的……

*

印“印痴”

张文俊先生发表于《中国文学》（英文版）1962 年第 17 期上的《傅抱石的画》一文，开头便说：“著名山水画家傅抱石先生已经 57 岁了，当他回忆自己的艺术历程时，他叙述了年轻时代在华东小城南昌学习时的情况。那时，他住在一个车间附近，那里堆满了书法与绘画作品。一位精通复制古画的老艺术家曹林清先生常和他谈到古典艺术中的一些杰作。他逐渐了解并开始崇拜 17 世纪伟大的艺术家石涛的作品。”张文俊写作此文时，傅抱石健在，所说之事当为可信。据此可知，所说“车间”就是裱画铺，而老板则是姓名确凿的曹林清。

傅抱石 10 岁那年，曾一度上过半年小学，刻印的兴趣丝毫不减，用他自己的话说，“10 岁入小学，恒不征师友同意，秘制献之，同学固欣然乐受，先生则命即毁去，且加谴责”。

此时他的父亲身体欠佳，修伞生意做少歇多，生活艰难，不得已傅抱石只好辍学，在家帮助父亲敲耳勺，收破烂、卖旧货，维持生计。父母觉得这不是长久之计，考虑到儿子刻印摹画的爱好，于是合计将 11 岁的长生送到一家瓷器店里去学徒。请客送礼，托人撮合，好说歹说，店主才勉强答应收徒，条件是学徒三年，不给分文。虽说条件苛刻点，猜想能学点烧小窑、制坯以及在瓷器上描画的本事，也就不错了。谁知长生去后，店主不让他有任何学技术和画画的机会，只命令他每天早起晚睡，上下门板，扫地抹桌，替老板娘带孩子，最让长生畏惧的活是早上卸门板、晚上上门板。店铺门板是用江西特产樟木做的，很笨重，左右各 12 块，每天一举一卸，举重 48 次，长生人长得单薄，没有力气，就拱着背使劲，时间一长，就落下轻微的驼背，一个肩膀高一个肩膀低。长期的营养不良，加上劳累过度，学徒不到一年的长生，感染上了“三代祖传”的肺病而咯血。老板怕担着更多的责任，勒令长生回家养病。本事没学到，徒得了一场病，一家人都十分伤心。

结束了瓷器店童工的笨重生活，加上母亲的精心照料，长生的病很快便有了好转。随着时间的流逝，长生刻印和摹画的兴趣与日俱增，印刻得越来越好，作品累积好几册，临摹裱画店里的画也越来越像回事，他的聪明和好学被街坊邻居张先生注意到了。

第二章

“容我读书方是福”

在石缝中开花

张先生是南昌江西省立第一师范附属小学的主任教师，他惊奇这个瘦弱的小孩子的艺术才华，可惜其没有读书学习，所以对傅家的困难和遭遇深表同情，于是特许长生免费进附属小学读书。这是一次正规的入学读书，考虑到长生的实际文化水平，曾在私塾读过不少古籍，接触和使用过《康熙字典》等书，热心肠的张老师因此让他插入四年级学习，晚上帮他补习算术，还给他取了个学名叫傅瑞麟。

傅瑞麟天资聪颖，爱读书、苦读书，成年累月地看，由于家贫无钱买书，只能站在旧书店里借书阅读，然后强记在心。长期苦读，锻炼了他的记忆力和过目不忘的本领，直到晚年写文章，引用某书章句，从不翻原书，仅凭记忆，有的甚至可指出某段出自某书第几页。皖赣一带俗有“世上几百年人家，全在积德；天下第一等好事，还是读书”谚语，言简意赅地道出了生活的真谛，傅抱石的父辈懂得，傅抱石更是身体力行，他年轻时曾刻过两方印，一曰“静坐读书”，一曰“容我读书方是福”，颇能表达他青少年时代读书学习的志向。

傅瑞麟虽上了学，但家中生活十分艰难，冬天冷，没有棉衣，就把姐姐、妈妈的花褂子一件件地套在里面，最外面罩一件灰布大褂。姐夫是南昌人称“头把刀”的厨子，在店里做完菜之后，就会把剔干净鱼肉的鱼架子带回来煮汤给家人喝。因为从小吃了太多鱼架子汤的缘故，以致他日后对吃鱼都没了兴趣。

*

印“容我读书方是福”

旧制小学校分初小和高小，初级小学是四年，高级小学三年，傅瑞麟刻苦学习，加上天资聪明，所以门门成绩优秀，顺利读完四年书。民国十年（1921 年），傅瑞麟以考试第一名的成绩从小学毕业，并获得免试直接升入省立第一师范学校读书的资格。

省立第一师范学校，在当时的南昌是一所培养师资的高等学府，不仅免收学杂费，还供给膳宿。傅瑞麟全家高兴异常。但学校还有个规矩，就是为防止学生中途辍学或毕业后不肯当教师，凡初来的新生每人需缴纳学费（相当于保证金）10 元和统一定制的童子军军服费用 5 元。当时的 15 元，对于傅家来说，是笔不菲的数目，到哪里去筹这一笔巨款？卧病在床的傅得贵，万般无奈之际想起家乡还有祖传的三分薄地托同族的兄弟照看，就让儿子回老家告贷。南昌到老家新喻 300 余里，傅瑞麟没钱乘船，就背着一袋香瓜步行回乡，风餐露宿五天，辗转相寻，才艰难寻到老家，这也是傅抱石第一次回到家乡。但家乡的贫困没给初次回家的年轻人以美好的印象，又饥又渴的傅瑞麟分文未得，又原路返回，来回步行十余天，将他累病了一场。

保证金虽然没有筹到，但傅瑞麟的执着、顽强和不怕困苦的努力让张老师很受感动，“救人需救彻”，张老师帮人帮到底，将自己的薪水给了傅家救急，傅瑞麟得以到师范学校读书。张老师的爱才思贤、扶贫济困的侠义之风，给了年轻的傅抱石以终生难忘的印象，也培育了他日后助人的良好品德。

师范学校是五年制，包括一年预科，第二年才分中文、英文、艺术等科。傅瑞麟初选英文科，发现与自己的爱好不合，遂转入艺术科图画手工组学习。就在他进入预科学习时，父亲终因多年肺病无法根治而不幸辞世，终年59岁。熊典宝帮助贫妇弱子埋葬了坎坷终生的老人。傅徐氏挑起了全家生活的担子，除继承夫业补洋伞，还帮助别人洗衣，聊以维持全家人的生活。由于抵制日货，洋伞不能补了，洗衣浆裳不足糊口，生活异常拮据，傅徐氏只得自制挖耳、剔牙的小玩意，几个铜板一副，插在草把上，拿到集市上去卖，以此为生。傅瑞麟也不得不在课余帮助母亲做些小生意，每天晚上五时在校吃过晚饭后赶回家中，帮母亲干两个小时活，这种日子一直延续到他师范学校毕业为止。

在艰难的生活环境中，傅瑞麟顽强地与命运拼搏，自强不息，诚如黄苗子先生所言，傅抱石“是从岩石缝中挣扎而出的种子，倔强而富有生命力。他以他的勤勉、努力和永不停歇的探索和奋斗为艺术人生和人生艺术谱写了新的篇章”。

傅瑞麟无疑就是在石缝中绽出的一朵生命的绚丽之花！

“抱石斋主人”

也在这时，师范学校的校长极其欣赏自己学生的才干，好学不倦且又非常孝顺，见傅瑞麟家境特别困难，特准他在图书馆里帮助整理图书，帮助编目，打扫卫生，每月给他点津贴，算是半工半读，每月还差人送米给傅徐氏……

傅瑞麟在图书馆协助工作，得以博览群书，对画史、画论及金石、文字学等尤为用功，因此他的传统文化的功力，特别是篆书基础特别深厚；在接触了以丁敬为创始者的浙派，以何震为创始者的皖派，程邃、汪关诸徽州籍人的“徽派”和以邓石如为代表的邓派的印章印谱后，他的印学知识大为丰富，刻印功夫也与日俱增，对前贤的刻印风格流派和文化渊源有了更多更充分的认识。不久，他得到一套晚清赵之谦的集古今大成的《二金蝶堂印存》，朝夕摩挲，欣赏之余便临摹仿刻赵之谦和陈鸿寿等西泠八家的作品，各种字体、阴刻阳刻俱备，连带他们的边款，仿品颇能乱真。

他多次请益南昌本地的篆刻家王益先生，对晚清印坛杰出四大家之一、黟山派创始人黄牧甫的印章特点和风格有着强烈的兴趣，即便若干年后寓居川东金刚坡时还写下了《关于印人黄牧父》长文，在文中他深情地写道：

> 我抱着惊异的心情把两本打开，（我知道有十本，但不便再要求了。）恍恍惚惚地看了一下，实在并不曾仔细端详过某一叶，只觉得每叶的两面，通通钤满了；且每一印都并钤四五下或一二十下不等，美不胜收呵！
>
> 有些不十分值大价而甚为精粹的东西，往往可以花比较便宜的代价换得，像赵撝叔的自存的印谱残稿，沈补萝的《谦斋印谱》，巴隽堂的《印摘》（后人摘汇的）等，我都是这时期收集的。
>
> 从这晚起，牧父先生一生的作品，就敬之供于寒斋了。
>
> 这一夜，我整夜未睡，一本一本一页一页的观赏、吟味，最后是嗟叹！我心中想，倘若不是今天遇着了，知道落于谁手呢？这应该格外的保护呀！纵然书店主人要我所不能负担的代价，我也应该忍受的。第二天，我定制了十册空白印谱，预备把同样有两个以上的，即剪贴一个，（实际上一印只留一个的很少很少。）那些时，我授了课返家就做这剪贴的工作。大约费了半个月以上的时间，贴了四千方以上的印，当我每至夜深人静还在剪贴的时候，对于牧父先生那种谨严不苟的态度和刻苦不懈的努力，有说不出的敬仰。

> 我从牧父先生四千多印中，从篆法、章法、刀法乃至边款，都可看出他的变迁来。
>
> 就我的偏见，牧父先生的成功，是后天的而不是先天的。他的作品，一笔一刀，无不从甘苦中得来，充分表现了作者一生勤苦修习的历程。所以我个人往往以为他的印，刚而有余，但变化不足以副之。若把书法作譬，他似是颜鲁公而绝非赵文敏；把画作譬，则密近“院体”在“马”“夏”之间，而不是石恪与梁楷。他的朱文胜过白文，他的小印胜过大印。他既能在细微处显出功力；又能在承转间芟去支蔓。任你如何的天禀，可以学徐三庚很快的得名，然不能短期内蹈袭他的步履。他的可贵在此！他的可敬在此！他的可惜，我看亦复大半在此。
>
> ……

所有这些，可见这个年轻人对于篆刻艺术的倾心和痴迷！

父亲去世，傅瑞麟到处举债，尽管学校图书馆给予少量报酬，仍入不敷出。一次偶然机会，学校门房张老头告诉他，赵之谦的手迹图章在南昌有极大市场，并怂恿他仿刻赵之谦之印，可代为鬻售。在张老头的“代理”下，傅瑞麟陆续刻制了十数枚“赵之谦”“陈鸿寿”的印章，从印文到款识，丰采卓越，无一破绽，最高价卖到16元，但张老头每次售印，只给傅瑞麟四分之一的钱，傅瑞麟不知内中情由，只觉得相当不错了。世上没有不透风的墙，消息渐渐传到买印者的耳朵，有几位议员找到学校论理，门房老张逃之夭夭，校长找到傅瑞麟，他将经过和盘托出，完全不知张老头从中渔利四分之三。校长一向爱惜傅瑞麟才华，千方百计从中斡旋，息事宁人，卖印风波总算平息。事后，校长找到傅瑞麟，指出他仿冒别人图章是不对的，同时又说，自己练就了一手本领，那么多懂行的人都鉴别不了，又何必造假？应该打出自己的牌子出售图章，开始时不妨便宜一点；并承诺帮他在报纸上登启事，向社会推荐。

于是，傅瑞麟为自己取了一个斋号“抱石斋主人”，后来干脆用来作为自己的名字，终其一生没再用第二名。

对“抱石”二字的由来，后人有众多的猜测，一说是他崇敬屈原“抱石怀沙”，自沉于汨罗江的故事；有说是他推崇清代三位名字中有“石”的画家——石涛、石溪、吴昌硕（南方语音，石、硕不分）；更多的人认为是上述两者兼有。傅抱石的女儿傅益瑶认为，父亲取名“抱石”两个字的初衷，更多的是怀抱石头，喜欢刻图章而已。“抱石斋主人”是年方 18 岁的傅瑞麟面向社会售印，打出自己的旗号，仅此而已。此时的少年郎对屈原还没有更多的认识，“抱石怀沙”自然是望文生义的附会之说，另外他对石涛的兴趣，也是他到日本之后的事情，取名时没有那么高大上的意想，因此傅益瑶“怀抱石头”的说法比较符合实际。

不久，校长果诺其言，在报上公开为“抱石斋主人”招揽生意：“江西省立第一师范学校校长黄光斗介绍抱石斋主人治印，每字五角，接件处师范学校传达室。”加上前一时期的仿刻赵之谦、陈鸿寿印章的风波，“抱石斋主人”的治印在南昌一时暴得大名，从此开始了他课余鬻印生涯，其时他年仅18岁。

第三章

“用功，用功，用功……”

傅抱石在功成名就后接受采访时一再强调："……用功，用功，用功，没有方便的路可走，要多掌握资料。大器晚成，最后摘的果子总要成熟些。"这是他的人生经验和事业奋斗心得，从他的成功经验和一生努力来看，的确如此，尤其是他在青年时代，不浪费光阴，不吃闲饭，不停地读书学习，从而验证了一句名言："勤奋出天才"！

教学相长

1926 年，22 岁的傅抱石在江西省立第一师范艺术科毕业，学校更名为省立第一中学，被留校担任附属小学教员。师范附小，又称南昌模范小学，是一所现在所谓的重点小学，设备好，师资力量强，教员待遇也高，月薪 60 元，由于教育经费紧张，教员薪金九折，实得 54 元，而且每隔半年光景再欠一次薪。尽管如此，这旱涝保收的月薪使傅家的生活摆脱了昔日的困难酸楚。傅抱石用第一个月的薪水，为义父买了顶毡帽，从此熊典宝老人在饱暖悠闲中度过了暮年。傅抱石有恩必报，熊典宝老人死后，他将老人埋在父亲墓一侧，另一侧是当初把伞铺传给傅家的何立堂老汉之墓，每年清明，他在南昌时总要去祭扫这三座墓。

傅抱石当小学教员一年，经济略显宽裕，便另赁新居，地点是臬台后墙余家试馆，名叫"小金台"的一座大杂院内，有前后两间，母亲住内间，傅抱石住外间，房内陈设很简单，两个大书柜、一张床和书桌、方桌、椅子，之外别无长物。

傅抱石在模范小学大约教了两年书。对他来说教小学毫不费力，且收入有保证，生活十分安定。谁知平静的生活出现了波澜，新年伊始，小学校长易人，新任校长有自己的人马，便不再聘任傅抱石，这意味着傅抱石失业了。

世间事祸福难料，正当傅抱石蹉跎之际，省立第一中学（傅抱石的母校、江西省立第一师范学校）的教务主任廖季登却闻讯登门，聘请他担任中学教员，在中学艺术科教国画、篆刻及理论，还有音乐课程，月薪140元，仍打九折，每月126元。这位毕业于北京师范大学的廖主任为人正派，在教育界颇有威望，早就注意到了本校学生中的多才多艺的傅抱石，一听说他被附小解聘，便第一时间延聘人才。

傅抱石在师范学校由预科转入艺术科读书的时候，像当时的进步青年一样，参加了“南昌青年学会”，接触新思想，结交进步青年，阅读进步刊物，也正式开始了美术创作和美术理论的研究。他费时7个月完成了《国画源流概述》一书，表明他已能从大处着眼，高屋建瓴且系统地看待中国画艺术的努力，同时也开始绘画，创作了一些山水画。

完成于1925年的山水四条屏《竹下骑驴》《秋林水阁》《松崖对饮》《策杖携琴》（竖长尺幅皆为133.6cm×32.2cm），是迄今为止所发现的最早的傅抱石的作品，是他幼年在棚户区小巷里观摩裱画、在瓷器店学徒、朝夕相对山水图案潜移默化的结果，是年21岁。这是傅抱石艺术人生很重要的开始，享有世界盛名的是他的绘画艺

*
竹下骑驴

*
秋林水阁

*
松崖对饮

*
策杖携琴

术，其篆刻成就和著书立说的美术史家的荣誉都为其绘画声名所掩，因此他的绘画起步就显得十分重要。与其他画家的绘画经历不同，傅抱石的绘画起步比较高，是在认识前人的长处与不足的比较和分析中进行绘画尝试的，从这四幅作品的题识上来看，是对米芾、高凤翰、龚贤、程邃、倪云林等人的特点有所分析取舍，其题识上分别为：

其一：学米者惟高克恭堪称后劲，董思白以天纵之明崛起云间，曰，世上宗米，仅以墨点堆成，浑无分合，未为得也。抱石

其二：有清山水，乾嘉以前多尚山之深、谷之邃，及龚贤、高西园、吕半隐出，以线条之遒健为宗，于是画风为之稍变。抱石

其三：程邃，号江东布衣，画宗北苑，以枯渴之笔成山水。余喜其雄朴而拟之。抱石

其四：倪迂曰：仆之所谓画者，不过随笔草草，不求形似，聊写胸中之逸气耳。品画者恒以神、妙、能、逸衡之，朱景玄有独见乎！乙丑中元，振清先生诲政，伏希正谬。抱石斋主人。

他在款识中言说了自己的认识——

米芾在画坛的影响极大，“米氏云山”也让后世擅画者痴迷，但不少学米者往往生吞活剥，陷入误区，学米者不能一味地堆砌墨点，而应该有分合，要有层次、远近和疏密；在山水画中龚贤、高凤翰等人的遒健的线条，值得学习；程邃是“新安六家”之一，多以皖南特别是黄山风光为题材，他的大气雄健的风格为自己欣

赏；倪云林不过分地追求形似，以抒发个人超脱世俗气概为重的说法是值得肯定的，朱景玄（唐代画家）的四品——神、妙、能、逸是独到的见解……

于此可见他的审美意识和笔墨取向，这四幅作品线条飞动遒劲，布局疏密有当，整体画风有相当的气势，开始显露出某种风格意味，为他日后的绘画创作，奠定了思想基础和笔墨准备。从不亦步亦趋，是其过人之处。

傅抱石在中学教书，深受学生欢迎和爱戴，可是树大招风，他的才华和能力，却引起一帮大学毕业的同事的不满和嫉妒，他们认为傅抱石只不过是高中毕业，不具备做中学教师的资格，于是联名上告到省教育厅。时任江西省教育厅厅长的，是因主张民主而曾被捕入狱的著名的“江西七君子”之一的朱念祖，他知人善任，对傅抱石的印象很深，知道他文章好，且金石书画全能，有些大学毕业生远不及他。对于这桩公案，他提出进行一场考试测验，让大家比比高低，这一招反倒吓得上告的教师不敢应战，知难而退，一场风波也就慢慢平息。

傅抱石由此知名度大增，私立的鸿声中学、省立第二职业学校、章贡中学、洪都中学、心远中学和南昌女子师范学校等多所中学来延请他兼任美术、音乐教师，他在南昌教育界和艺术界的地位更加稳固和提高。

对于这一段生活经历，傅抱石与人谈话时曾有过小结性自述：

> 我原住南昌的省一师范附小读书，毕业后升入省第一师范，毕业时考第一，当时小学一年只保送

一个人入师范。一师不要伙食费，报考的有一千多人，只收了40名。学习五年，相当高中。最后三年分科，有钱的入英文科可以升学，没钱的只能入技能科，学图画手工。1925年毕业后，在一师附小二年，教中学6年。

年轻的美术史家

民国十八年（1929年），省立一中扩大招生，开办高中艺术科。为广招生源，学校规定给学生多种优待，如艺术科的音乐组备有各种音乐器材，手工组供给手工材料，西画组还进口美国的画箱、画架、画布，国画组则发纸张、笔墨、图章等，一时吸引了不少新生，包括一些富室子弟、名门闺秀。为了增强号召力，学校还延请一些当时的名人，如前清举人、作过主簿的熊粟海老先生教授国画。谁知熊老先生刚教了一个学期，便在一次事故中遭遇腰部骨折而无法站立，更不能到校授课。学校为找不到顶替他的国画教师着急，学生们则集体到校长室请愿，要求傅抱石来教课，于是校方顺水推舟表示同意，于1930年将在初中部教了3年书的傅抱石，拔到高中部艺术科任教。

傅抱石的确多才多艺，除了精擅书画篆刻，已为大家称道，但很少有人知道他还通晓乐理，能唱京戏，爱拉胡琴，会弄笛箫，最善吹笙。所以他既教美术课，也能教音乐课，这在当时是极为难得的。

对于青年教师来说，到高中部教书是个全新的天地，可是没有现成的教案可供使用，缺乏中国绘画史的系统教材，有些现成的文字论述也往往词不及义或不够精准，于是他决心自己来弥补这个缺憾，自编教材，“去年江西省立第一中学校要我担任高中艺术科的国画，我总是叫他们多多看些关于国画理论的书。他们不是说无从看起，就是说看不懂。要我编些讲义。我答应下来了。因为我想我是有老本钱的！”(《中国绘画变迁史纲·自序》）于是傅抱石把原有的《国画源流概述》翻出来，充实材料，发挥新意，重加整理，深入浅出地将我国数千年的中国画史勾出一个清晰的轮廓，讲授给学生，受到欢迎。授课历时一年，整部讲义也完稿，后于1931年在上海南京书店出版，取名为《中国绘画变迁史纲》，这成为傅抱石正式出版的第一部美术史著作，牢牢打下了他日后作为美术史权威的基础，他也自此成为一位朝气蓬勃的青年学者兼艺术家。1998年由上海古籍出版社重新出版这本书的时候，承名世先生在导读中这样写道：“傅抱石的《中国绘画变迁史纲》《中国美术年表》，对我数十年的从艺生涯产生过不小的影响。这两本著作，是我40年代后期在上海市立博物馆（即今上海博物馆的前身）任职期间，由当时的历史部主任童书业先生（后为山东大学历史系教授）推荐的。初读这两本著作，只是为它们的独特体例和丰富的史料所吸引，而尤为钦佩傅抱石先生作为一个学者、画家，在这两本著作中所体现的强烈的爱国主义情怀。至于对书中许多论述的理解，则是后来在实际工作中逐渐完成的。”

*
《中国绘画变迁史纲》

傅抱石的艺术生涯，是从篆刻艺术起步的，他是著名的印痴，而不是一般的爱好者，在写作《国画源流概述》一书之后，他动手写了一本关于刻印规矩方法的书稿，叫《摹印学》。它是系统评述我国印章艺术历史的学术著作，成为傅抱石最早的著作之一。他以此作为艺术科教学时的讲义，印有油印本，当时上海神州国光社决定出版，后因淞沪抗战爆发而中辍……1934 年傅抱石留学日本，重新编著了此书，更名为《刻印概论》。然而就是这样一本关于篆刻艺术有独创性论述的著作，傅抱石因母亲病故匆匆回国办理丧事，后又因抗日战争爆发，无暇顾及而一直未能付梓。他极为看重这部书稿，抗战期间，颠沛流离，一直将此书稿带在身边，后在南京中央大学艺术系任教之余，又重新作了修改并定稿，一共7章，近5万字，历时4个月手抄完成，全部以小楷写成，瘦劲聚神，硬削有力，字字工整，一丝不苟，如印刷体一般。后请西泠印社的第二任社长马衡先生作序，马先生称赞该书“徵引赅博，说解详赡，洵艺林之盛事”。在书中，先生对篆刻艺术的源流，印石材料的认识，印章样式、用途的研究，对篆法、章法、刀法的分析介绍等，都作了完整全面又透彻明了的论述，并附有几百枚印拓，红黑参差间布，极富视觉美感。

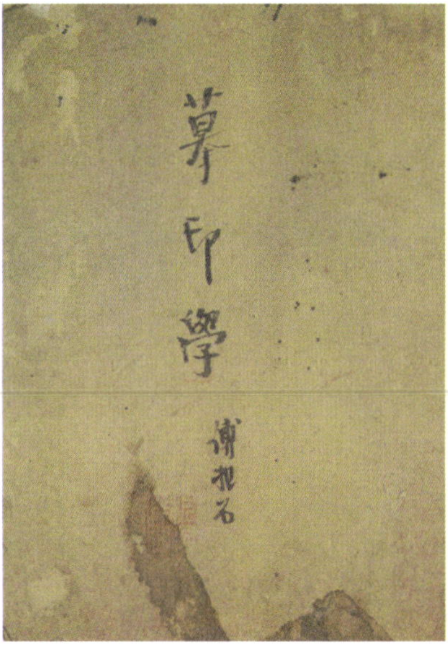

*
《摹印学》

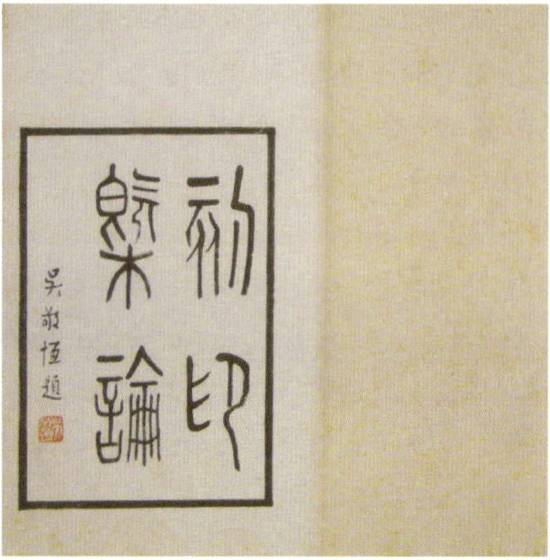

*
《刻印概论》(吴敬恒题)

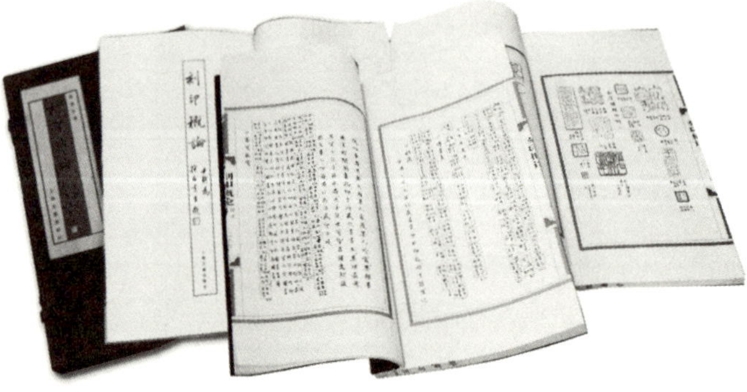

*
《刻印概论》

《中国绘画变迁史纲》和《刻印概论》两书的写作，是傅抱石作为杰出的美术史家的重要的起始之作，记录了年仅20多岁的年轻人不同凡响的文化造诣，其后他又陆续写作了若干有关美术史方面的著作，如《论顾恺之至荆浩之山水画史问题》《中国美术史》《中国古代绘画之研究》《中国古代山水画史的研究》等，其著作之丰，大大超过了公认的黄宾虹，为中国历代画家之首，这与他的刻苦努力是分不开的，他坦言："一个美术史家比画家难，要不畏艰苦，《佩文斋画谱》我翻破了好几部，特别是卷一到卷八，解决顾恺之的问题全靠它。"

第四章

相知相爱

新女性罗时慧

江西省立第一师范学校更名省立一中后，由令公庙迁到新址。傅抱石在初中部教授国画时，全班不到20人，内中有好几位女性，其中一位名叫罗时慧。

*

学生罗时慧

罗时慧是南昌“豫章罗寓”的大小姐，家住百花洲南湖边的灵应桥100号，门口挂着“豫章罗寓”红底黑字的长条牌匾，后门通肖家巷，前后五进，每进均是一个单元，自成院落，大门左边是个大花厅，颇为气派。院主人罗鸿宾，字秋阜，原籍江西宜丰县，是前清监

*
青年罗时慧

生，后捐资得官，历任税务局局长、法院院长等职，做官之外，还兼经商投资，厚积了一份家财。罗鸿宾共有四房太太，罗时慧是第三房太太李维屏 1911 年随 47 岁的罗鸿宾在奉天（今沈阳）做官时所生，因此小名叫“奉姑”。罗鸿宾老来得女，“奉姑”又是罗家唯一的女儿，自然视她若掌上明珠。

罗时慧的生母李维屏原是南昌乡下的农家姑娘，后进城入罗府，成了侍奉罗家大太太的丫头。开始时她的任务是给大太太磨珍珠粉，在灶间一磨就是几个时辰。她禀赋聪慧，又极其好学，从串街的书贩手中买来各种曲本的小人书看，看不懂、认不得，就请教常来吃饭的食客。珍珠粉磨多了，读的、看的也与日俱增，日后竟能诗赋、书画，成为罗家一个极有学识的女人，对女儿时慧更是护爱有加。

罗时慧 14 岁时，根据父亲的意见，考入南昌省立女子中学读书。女子安静贤淑，性格较为和顺，聚在一起读书，比男女混杂要相宜得多。可是时代不同，20 世纪 20 年代的中国正是一个军阀混战、天下大乱的时期，北伐军从南方打过来，群众运动风起云涌，坐落在豫章公园附近的省立女中也不是世外桃源。陈独秀创办的《新青年》杂志在学生中广为流传，新思想的浪潮叩开了“三从四德”的大门。罗时慧聪慧敏捷，对新思想新事物尤为敏感，她在教务主任指导下看了不少进步书籍，被推举为江西省学联干事，开展学生活动。1926 年年底，北伐军的炮火炸开了南昌城门，罗时慧跑到设在民国日报社的北伐军政治部，接受政治宣传鼓动工作。她牵着北伐军妇女协会主席蔡畅同志的三岁女儿，四处活动演戏，用老调配上即兴创作的新词说快板，在街头打着竹片，宣传妇女要放脚、剪发，参加革命，并在《复活的玫瑰》等戏中女扮男装登台亮相。不久，罗时慧就加入了“CY”——中国共产主义青年团，正是在这时，她第一次见到了任政治部副主任的郭沫若，并常常听他富有激情的政治演说。17 年后，他们在四川重庆郊区的金刚山下全家院子相遇，罗时慧把当时郭老演说的场面绘声绘色地讲出来时，郭老开怀大笑，为罗时慧那么早投身革命惊讶不已。

1927 年元旦，她参加了收复汉口英租界的斗争。不久，蒋介石发动了“四一二”反革命政变，血腥镇压了群众运动，革命遭受了挫折，工农武装作战略转移，向开封方向撤退，她拿了十一军政治部宣传科科长的介绍信去武汉，准备投考恽代英主持的黄埔军校政治分校。后因革命需要，被动员回南昌女中读书，秘密搞地下宣传工作。

罗时慧依旧在女中读书，晚上就溜出去往各宿舍的纸窗里塞红红绿绿的传单标语。这一年，共产党人领导的“八一”南昌起义爆发了，向国民党反动派打响了武装革命的第一枪。起义部队撤出南昌城后，罗时慧失去了与组织的联系。秋天，她初中毕业后报考了省立第一中学。一中的前身是江西省第一师范学校，为全省中等学校的翘楚，师资力量雄厚，分中学部和师范部，附属一个小学。罗时慧和另外几个姑娘是上了黑名单的，各校都不予录取，她只得改名字又伪造假毕业证书才得以混进了省立一中的艺术科。因这一科是新设的，报考的人不多，所以较易考入，但因身份待查，还只是备取资格。

省立第一中学坐落在离罗时慧家肖家桥不远的令公庙。16岁的她在这儿攻读艺术，这在当时是不被人看重的，罗时慧却十分喜爱。父亲从小为她请了家庭教师攻读诗书，每日临摹大小字帖，小楷写得十分工整、漂亮，颇见功力。在艺术科的三年时间内，全面学习了国画绘画理论、金石篆刻、书法，掌握了多种技能，日后虽辍笔，但数十年不间断的耳濡目染，使她成为一个极有见地的美术鉴赏家。她早年所绘国画山水聊备一格，如现存日本1934年画的一幅画，春水浅岸、缓坡小树画得合乎法度，显露出在构图、技巧上的艺术才气。

*

罗时慧早年绘画作品

就在这所学校里，她与她的老师傅抱石相识、相知、相交，并且结下了秦晋之好，日后相依为命共同生活了 40 多个春秋。

省立第一中学艺术科全班不到 20 人，内中有 5 位女学生，罗时慧是其中之一，她身材苗条，留着短发，鹅蛋脸，白皮肤，一双水灵灵的大眼睛忽闪忽闪地，流露出天真、好奇而又调皮的神情。5 位女生年龄差不多，她比其他同学见识广，讲起话来滔滔不绝，机智爽朗，妙语连珠，同学们都愿意接近她，自然成为女生的中心人物。

傅抱石脸色白皙，一米七二的个子，右肩高，左肩低，穿着一领不甚合体的长褂，晃里晃荡的，右边腹部隆起一块，那是口袋，满装着火柴、香烟，一副不修边幅的样子。

一开始，傅抱石并没有对大眼睛的小胖子罗时慧有特别的好感，更没有给予更多的注意，相反却有些不够满意，她太顽皮了，近乎有点爱恶作剧。

傅抱石站在讲堂上，未正式开讲前，先自立“军令状”：“我在黑板上写错一字，一经指出，甘罚一元！”他的神情严肃，把学生们都镇住了，一个个都敛神屏息的。他在黑板上洋洋洒洒写下一段要学生全文抄录的文字后，临时外出，罗时慧便快捷地走上讲台，把一个“直”字里的三横抹去一横。傅抱石回转来，刚刚站定，罗时慧就举手站起来责问老师：“直字里面应该三横，你只写了两横，写错了；应该履行诺言，罚款一块钱！”

傅抱石惊讶得回过头去，审视了一会儿，笑了：“我怎么会写错呢！我写的三横被人擦掉了一横，你们看，还有未擦净的粉笔印呢！”

“是不是你干的？”傅抱石手指着班上年龄最小、聪明过人、功课最好的学生梁邦楚，眼睛却瞄着罗时慧，心里清清楚楚，自此对这个聪明、调皮的女学生有了初步印象。

傅抱石长罗时慧7岁，是个名副其实的小老师。不知为什么，罗时慧心里似乎一开始就没把这个讲坛上的人当作老师看待，她常出一些顽皮的主意叫老师哭笑不得。当讲义印不及，老师非得在黑板上大段大段写，学生大段大段抄时，她就会乘老师背朝学生写字之机，轮流让一个女同学留下来抄，领着其余几个踮起脚尖溜出去，到附小的幼儿班去浪船，玩跷跷板；放学后大家再回去传抄。傅抱石每每呵斥：“你是个捣蛋分子！坏主意都是你出！”在上篆刻课实际操作发印章石头时，傅抱石常把破损的石头给她，她提意见也白搭，得到的是这样的回答：好的给好学生，坏的给坏学生，理所当然！气得罗时慧嘴噘得老高。尽管这样，罗时慧对老师的印象始终不坏，同学们谈论他的逸闻轶事，诸如孝顺母亲胜过廿四孝啦，爱打抱不平、不惜两肋插刀啦，等等，都一一留藏在心里，小老师肚子里的墨水不少，美术史、篆刻史倒背如流，还写得一手好文章，刻得一手好印，小老师画的画，传神有致，显出非同一般的艺术灵气。

傅抱石为人随和、谦虚，富有风趣，和学生的关系极好。一天，课间休息，他对学生说：“同学们，老师有一个困难，想请大家帮忙。我和我母亲住的房子太小，出入有事又不方便，想另找处房子，房钱不拘。”他左手托着右肘弯，补充了一句：“谁给我找到房子，我请他吃饭！”学生们一阵哄然大笑。此时他的经济收入不坏。时价五块钱一担米，学校规定中学教员月薪140块现洋，虽八折计发，也有100出头，加上他外出兼课的收入，画广告的收入，月收入也近200大洋，所以说话也就格外胆大气粗，接着他又补充了一句：“不过，我有三个条件，要三靠近：一靠近学校，二靠近大街，方便我进书店、书摊，三靠近戏园子，看戏容易……”其时他住在小金台余家试馆大杂院只有两间房，又过于吵闹，不方便看书学习，常常晚饭后独自逛夜市，在一个个书摊前流连，往往夜阑人稀之际才回家，熟悉他这一习惯的师生，送他一个绰号：“马路巡夜使”。他的这个习惯直到他成名后也没有改变，一有闲暇便去逛夜市，寻旧书摊。还有，他不爱看电影，却对京剧、音乐有浓厚的兴趣，会吹笙，拉胡琴，曾上台为人拉过全本的《四郎探母》和《桑园寄子》等，也上台客串过《桑园会》《打渔杀家》……看戏也是他生活中不可缺少的内容之一。

罗时慧家恰在盖房子，在罗家大院的后门，贴着肖家巷正在挖土方。罗家打算连着大院又自成门庭，辟建一个天井，盖两间正房和一间堂屋。这个地方符合傅抱石的要求。罗家离学校不远，只过一座桥，拐个弯就是洗马池，极热闹的所在，有商号有书店，东西南三方有明星、新舞台等戏院。同学们把这个信息透露给傅老师，傅抱石十分高兴，但罗时慧可不敢做主，她们家是大妈说了算。傅抱石便径直登门拜望大妈。罗家大妈是罗鸿宾不在家时的最高主管，她权衡了一下，推诿几句默应了。一俟房子盖好，以盖房的总造价，按工分息算房价。

罗家新房很快竣工了，傅抱石得以租赁罗时慧宅院后门肖家巷 1 号的小院，就在罗时慧 17 岁的这一年，傅抱石和母亲搬了进去。傅抱石与罗时慧的关系无疑亲近了一层。

罗鸿宾官休在家，闲暇无事喜欢找人聊天，每每问自己的女儿，你们的那位傅老师怎么不来了？第二天罗时慧便把父亲的话转告傅抱石。傅抱石一去，罗鸿宾就拉住他天南海北，上天文下地理地扯拉，傅抱石总是有问必答，谈吐非凡，言谈之中对罗鸿宾也颇尊重。交往多了，罗鸿宾觉得和这个瘦瘦高高的年轻人十分投机。终于有一天，他诚恳地请傅抱石吃饭。席间，罗鸿宾叫人拿出了几十年前上海“圣约翰”大学校长赠送的白兰地。

这是异乎寻常的举动。罗时慧知道，当年罗鸿宾曾许下一个心愿，就是哪年得子哪年开封此酒。时慧八岁时，李维屏和四房太太先后生下了两个儿子，阖家庆贺自不待言，但其时罗鸿宾本人居官在外，开瓶畅饮也自然不能兑现。如今父亲特地用它来招待自己的老师，是有意为之，还是出于一时高兴？难道……女婿，半个儿子……她忽然惴惴不安了。

傅抱石对罗时慧有了别一番认识，时间稍长，接触增多，发现这个女学生有其特别的出众之处，这就是敏锐、干练、活泼开朗，不乏幽默感，完全没有那种大户人家小姐常有的轻狂俗气，艺术感觉也不差。渐渐地还知道她在女中读书时是个成绩卓著的学生，每次做的文章都让老师贴在墙上红框里，被同学们戏称为又“坐马桶”了；在大革命中还有一番英勇作为。这些都加深了傅抱石内心对她的敬意，喜欢她那种天真有趣的性格，无形之中，年轻教师的心被吸引住了。酒从地窖里拿出来，拆去草包，金黄的液体只剩下小半瓶了。瓶塞刚启开，一股香气便漫溢出来，罗鸿宾说：“傅先生，此酒如何？”傅抱石连声说：“好酒！好酒！”他并不知道此酒的来历和原委，只是平时爱喝酒，能鉴别出酒的好坏。

罗时慧在旁轻轻地说了句：“你是配吃的……”

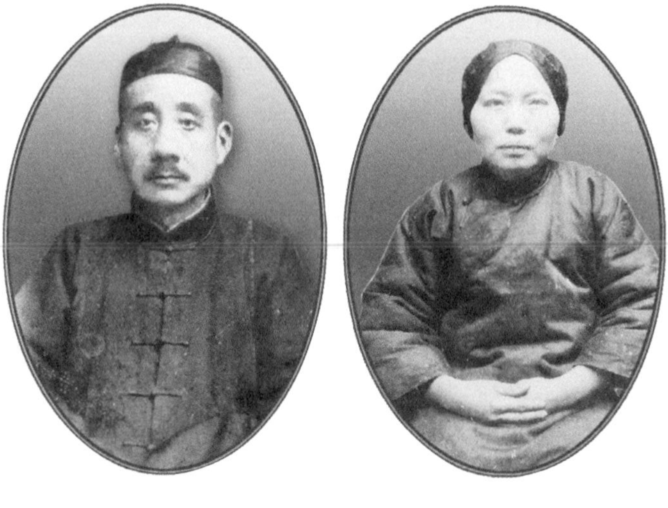

*

傅抱石岳父罗鸿宾、岳母李维屏

傅抱石常来罗家走动了。他每天给罗时慧补授古文，帮助时慧的两个小弟弟复习功课，给李维屏说《红楼梦》及《今古奇观》里的故事。晚上九时，他才回家挑灯读书、绘画，操刀镌刻……日子一长，次数一多，傅抱石的用心也就为罗家上下清楚了：他看中了小姐。这在罗府上下引起了一阵骚动！

罗时慧明白老师是“穷追猛打”自己了，多了一份思索。她曾悄悄地去傅家察看过一回，房间里所有的东西都是新的，没有一件老存货，唯在厨房里发现了一张厚面板的桌子和一块大木板，那是抱石父亲生前用的招牌，招牌上方写着“傅德泰”三字，右下方写了个“伞”字，左下方画了个撑开的洋布伞。这一切表明傅家不是有家底的人家，然而正因为这点，她更加钦佩自己老师的砥砺精神，在清贫的环境中坚持不懈地奋进，懂得那么多，会得那么多，这在相仿年纪的年轻人中是极为少见的，这种刻苦自励的人将来一定是会有出息的。

罗鸿宾也看好傅抱石，因为邻近有过多次交谈，见他满腹经纶，待人处世颇有风度、礼貌，日后定成大器，可是也不无犹豫，那就是傅家毕竟是南昌一贫民，与自家门不当户不对，一怕亲戚笑话，二怕女儿日后受苦。继而转念又想，以家世取人是不足道的，如今世风渐变，包办婚姻不是光彩之事，那么一切听从女儿自己吧。但罗时慧的生母李维屏却极力赞成，她是罗家丫头出身，是南昌乡下贫苦农民的女儿，深感自己做“小”的不幸，常在背地里对孩子讲：“宁做大户人家的狗，不做大户人家的‘小’。”希望女儿找个有才学的相般配的年轻人，傅抱石人不错，嫁给他是一门好亲。她只有一个要求，就是傅抱石不能离开自己的女儿。她支持年轻人的倾心相爱，对此傅抱石终生感念不已。

开明的父母顺从罗时慧本人的意见，一桩婚姻成功了。

*

傅抱石木刻罗时慧头像

罗时慧与傅抱石订婚了。两家交换了龙凤帖，各自压在自己的祖宗牌位下。一个官宦人家的小姐和补洋伞出身的穷教书匠结亲的消息不胫而走，罗家的三亲六眷纷纷反对。但世俗的眼光怎能看透傅抱石呢？罗时慧以她特有的目光和细腻的感受，看到了傅抱石的个人价值，和他对艺术孜孜以求的可贵精神，这个苍白得有些发青的老师有着极深厚的艺术功力。就在全心求爱的这一年，他开始写作《中国绘画变迁史纲》，第二年他们俩结婚时，这部著作也同时完稿。

琴瑟和谐

1930 年 1 月，傅抱石和罗时慧喜结连理。

傅抱石在大门口贴了一副大红对联，用苍劲古朴的隶书写上："乾坤定矣，钟鼓乐之。"充分表达了他的喜悦之情。罗家花厅、书房摆了 12 桌酒席，两家人和亲眷，笑语喧阗地吃到夜阑才散。这一年，傅抱石 26 岁，罗时慧 19 岁。

小夫妻俩婚后的日子是愉快的。肖家巷 1 号房子有一个大晒台，夏天傍晚在上面吃晚饭，乘凉，有时傅抱石操琴，罗时慧清唱，时有不合板眼处，傅抱石就停下来说戏，什么《乌龙院》《四郎探母》啦，还有什么行板、导板、南梆子之类，一一击节把教。虽说有了家，傅抱石逛夜市书摊的习惯仍然没有改，白天教书，晚上读书、治印、绘画，对中国美术史作更深入细致的研究。

因为经济并不十分宽裕，傅抱石作画只买较宣纸便宜得多的皮纸，狼毫、羊毫、兼毫等各式毛笔也是用了又用，用到别人不能用的地步还用，日子久了，对皮纸的特点，着墨着色的晕染效果以及旧笔性能等，都有了充分的把握。习惯成自然，他成名后直到晚年，依然喜欢用皮纸、旧笔作画。

*
傅抱石夫妇新婚不久合影

婚后，罗时慧考取了武昌艺术专科学校，就读图画音乐系，毕业后，也一度染翰，而且画得不错。傅抱石东瀛学成回国后，她就很少作画，以全部精力支持丈夫的事业，养育孩子，照顾家庭，使他免除后顾之忧。傅抱石作画，她磨墨，所以她自称“磨墨妇”。

罗鸿宾在嫁女前曾对傅抱石说，我这个女儿除了是个人，其余什么都不会，你要好生待她。傅抱石没有食言，几十年相濡以沫，情深意笃，女儿傅益瑶如此说：“如果不是抗战到了重庆，母亲可能连饭也不会做。后来家里的事情虽然是母亲管，但有两件事一直是父亲帮母亲做的，一个是叠被子，一个就是帮母亲捶背。母亲总说父亲捶得好，像小锤子一样，力量恰到好处。母亲生病总是头疼吃药，父亲怕她乱吃，就定时定量拿药给她吃。”“父亲从来没有让母亲穷得没饭吃，甚至对母亲的情绪变化、高兴与否都很关心。”

著名工笔花鸟画画家喻继高先生早先师从傅抱石，他在回忆老师傅抱石时，说：“师母是老师的最好助手，不但承担着所有家务，还帮助接待客人，查资料，理图书，洗笔砚，每天都要磨好墨，以备老师作画。老师对师母感情也特别深，每逢师母生日，老师总是作画祝贺，并作长跋，这样的画我就看到十多幅。老师外出开会作画，大小事都写信及时告诉师母。有一次老师去北京开了一个月的会，竟给师母写了 29 封信，中间还打过几次长途电话。”

据傅抱石的夫人罗时慧回忆：“在家庭里，他上对老母，下对儿女，全都关心到无微不至，有时甚至使我感到有些过分。他哪怕离家只有三天，必定有两封信回来。有时人都到了家，他进门便问我：‘今天收到信么？’我说没有，他却有把握地说：‘信太慢，在路上了，不相信，你等着看，邮递员马上便会送来的。’真教我好气又好笑。他一生离家的时间，加起来也不满五年，家信却有一大皮箱……不料浩劫中付之一炬！”

喻继高所说不假，傅抱石对夫人的敬爱，在 1945 年为时慧夫人作的一幅仕女画中有充分的体现。这幅作品是傅先生仕女画中的精彩力作，画面上一位风姿绰约的美人伫立在柳荫水边，体态之婀娜，神情之端庄，是他心目中真正的佳人。这幅画的题跋之长也相当少见：“今日为时慧三十晋五生日，入蜀六载余，实未尝重视之也。忆与时慧结褵十有五年，大儿益钧十四岁，二儿益钜十岁，长女益珊六岁，次女益璇方九月，从俗称亦两岁。余以艰苦之身，避地东川，岳母李太夫人俱来，战时一切，均极激荡，而我辈仍不废笔墨丹青，所居仅足蔽风雨，所衣皆丁丑前之遗，真如大痴家无担石之储也。幸时慧忍受向所不能忍者。益珊之前，戊寅秋于湖南东安旅次生一女，卒以入蜀途中殇于四川綦江（今属重庆），时正重庆遭敌狂炸之翌日。嗣后连得珊璇二女，哺育之苦，时慧任之，余之感纫为荷也。昔先慈徐太夫人常训示：汝生儿育女后，方知父母之大德。顾余冥顽，丁听若无闻，今数人之父矣。际兹浊世，一切不堪，倘将来得有所传，皆非余所应有，盖莫余母之所训，暨时慧之所助成也。乙酉五月十七日。重庆金刚坡下寄寓，并记敬意。时慧赏之，傅抱石。”

*

为罗时慧作仕女图

其他诸如：他留学日本期间，得到罗时慧患了肺炎的消息，牵肠挂肚，画了幅《竹间人物图》，款题：“忽闻内子病肺，惶恐未已，作此遣怀。”山下的院落是处清幽出尘之地，正宜养疴，屋内两人面对而坐，或谈或弈，表达了向往夫妻琴瑟和谐的相依相随的美好情感。

1962 年 6 月 18 日，完成扇面《清泉出山图》，题识：“此扇涉笔将半，多年未理，今日时慧生日始完成之。抱石南京并记。”

1963 年 7 月 7 日，傅抱石作《寿桃图》，题识：“今日时慧诞辰，诸儿女将奉母小餐为寿，尚余片刻时间，涂此纪念，拜祝千秋。一九六三年七月七日，癸卯五月十六日，抱石金陵记。”第二天，7 月 8 日，他又画了一个扇面《山水为时慧作》，题识：“昨日时慧生日，率诸儿女与时宁全家在福昌饭店小宴，藉申祝贺。今年余正六十，长时慧七岁也。癸卯五月十八日，南京记，抱石。”

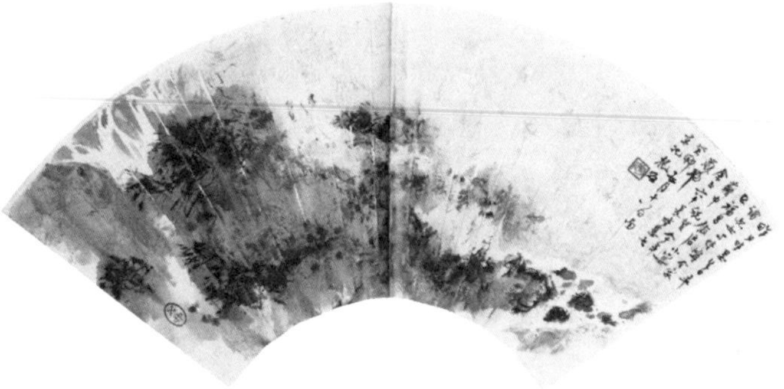

*

山水为时慧作

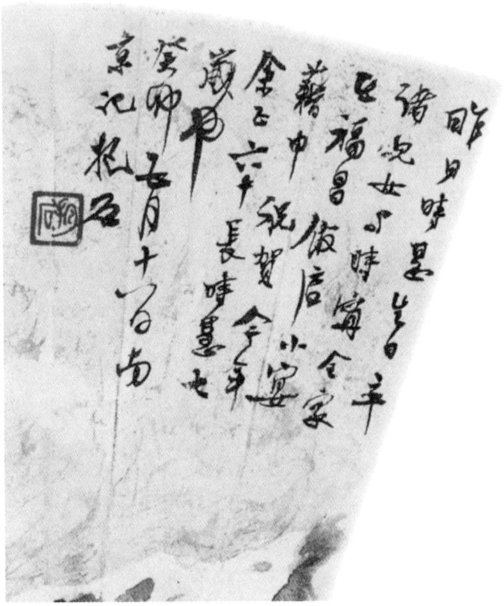

*

山水为时慧作扇面题跋

1964年6月23日，作团扇《湘君》，题识：“甲辰五月十四日时慧曰：越二日行年五十四矣，君能为我写此箑乎？长男次女闻而不响，于是降一心志，作《湘君》一像。盖余所有笔墨唯此稍荷许可，然又未必副其高意耳。午饭前，抱石记。”在这幅团扇的背面，他书写了《毛主席答友人》诗一首，以及“今日为时慧夫人诞辰，为敬写毛主席答友人一首”字样。

傅抱石的二女儿傅益璇深情地描写了父母生活的几个细节，读来令人感慨良多——

南京是个小盆地，夏天炎热，一到晚上，白天余热不能迅速消散，更加闷热，使人难以成眠。这时，傅先生全家便在院子里乘凉。时慧夫人常常穿着一套半新不旧的黑绸衫裤，睡在院子里的小竹床上，轻轻地拍着扇子，抱石先生总是坐在她的身边，手里也拍着扇子，两人娓娓相谈，并常常会帮夫人捶腰，往往捶至深夜，直到夫人熟睡。罗时慧的腰病是在生二女儿傅益璇时受凉落下的，二女儿有多大，傅抱石就帮她捶了多少年。

20 世纪 50 年代，他在南京师范学院参加“知识分子向党交心运动”，白天上课，晚上开会交心，常常要到深夜，就是在大风大雪的夜晚，也不能缺席。这时，小孩子们早都熟睡了，罗时慧还在苦候，有时会冒着风雪，撑着伞，跑到傅厚岗巷口去等。先生回来后，一身寒气，又冷又饿，罗时慧早准备好了一杯白干，一碗热汤面，加了红红的一层辣椒油，直吃得他满头大汗。他这个南方人，从此养成爱吃汤面的习惯，一直到老年。

傅益瑶回忆说，小时候父亲住在楼上，母亲住在楼下，每天清晨，母亲总要端一杯茶上楼看父亲画画，过一会儿，父亲送母亲下楼来，可他们说着话，不知不觉，母亲又把父亲送上去了，他们常常就这样楼上楼下送来送去，弄得一旁的我们常常窃笑不已……

傅抱石夫妻情笃，傅抱石溘然而逝时，罗时慧无法接受这个痛苦的事实，曾一度轻生，想追随先生而去。

傅抱石对岳母李维屏非常尊敬，一是因为当年她力主女儿嫁给他，二是因为她是一位有见识、努力学习的妇女。抗战跑反时，李维屏的眼睛被日寇的弹片打伤，

*

白衣观音像

几乎看不见东西；她是信佛的，傅抱石就画了一尊观音供在家里，让她早晚礼拜。

他们一共生了12个孩子，但只活了6个，四女二男，罗时慧后来说："我是丰产不丰收"。六个孩子中有五位秉承父业，从事绘画，且都有相当高的成就，长子傅小石擅长左笔水墨人物，次子傅二石山水画造诣非凡，两个女儿傅益瑶和傅益玉东渡日本，也都声振东瀛，是个名副其实的丹青世家。

第五章

伯乐徐悲鸿

偶遇

1931 年初夏，傅抱石没有接到下学期的任聘通知，原因是第一中学的校长换了人，要安插自己的亲朋。失掉了一份驾轻就熟的中学教职，自然有些失落，但傅抱石并不太着急，与那一帮曾经上告他的教师已很难融洽相处，“此处不留爷，自有留爷处”，难不倒心存鸿鹄之志之人。他在天宝斋笔墨店门口摆了块代为治印的招牌：“傅抱石治印每字五元铜印奉送。”自赵之谦印章风波以后，傅抱石在南昌知识界声名大振，都知道他是青年篆刻高手，虽说要价不低，折合一担多米一个字，但刻印的还是纷纷找上门来。铜印并不值钱，托人从北平捎来，每方仅一毛多钱。南昌夏天奇热，傅抱石用湿毛巾包头，聚精会神凿印，罗时慧站在他身后扇扇。这年夏天，国际博览会即将在芝加哥开展，江西准备选送瓷器和夏布等赴美参展，让省内各地选送的物品先在南昌预展待选，展览会会场设计、展品布置、陈列等相关事宜交给了傅抱石。他白天在会场忙碌，晚上灯下治印，所以一时竟较在学校里教书还要忙碌。

尽管如此，他的学养、篆刻和绘画艺术才能，在南昌逼仄的环境中得不到充分的发挥和进一步提高，也是毋庸置疑的。

他人生和事业的关键时刻，也在这年夏天，著名画家、美术教育家徐悲鸿来到了南昌。傅抱石在《编撰苦瓜和尚年表缘起》一文中记述徐悲鸿旅赣时游览青云谱古刹："一九三一年，中国中央大学艺术系教授徐悲鸿先生曾游览此处。"徐悲鸿的到来，和随后的徐傅二人的见面，成为傅抱石人生道路上一个重要的转折。

徐悲鸿时任南京国立中央大学艺术系主任，是闻名全国的著名画家、美术教育家，他应朋友之邀去庐山度假、写生，先经南昌数日，下榻于江西裕民银行大旅社。负责接待的裕民银行的行长廖兴仁，是傅抱石的朋友、省立一中的教务长廖季登的叔叔。热心的廖季登叔侄向徐先生引荐了傅抱石。

第二天，傅抱石在廖兴仁和廖季登叔侄的陪同下，带上自己刚出版的《中国绘画变迁史纲》、手稿《摹印学》以及自己的绘画、印章，在大旅社的二楼拜会了徐悲鸿。

徐悲鸿长傅抱石 9 岁，看着面前的年轻人，对他带来的专著和手稿《摹印学》以及绘画、印章等作品，大加称赞，他没有想到小小的南昌城，竟有这样的艺术奇才。这位以慧眼识人著称的艺术家，得知傅抱石出身贫寒，完全是靠自学成才，更加赞叹有加，联想到自己少年时代的清贫生活，心中漾起无限同情，两人一见如故，畅谈甚欢。

有趣的是，我们今天能够见到的最早的傅抱石的照片，就是他于 1931 年在南昌与徐悲鸿的合影。

回到家里，傅抱石为徐悲鸿屈膝晤谈甚为感佩，连夜为他镌了一方铜印。

*
傅抱石与徐悲鸿合影 1

*
傅抱石与徐悲鸿合影 2

*
印“徐悲鸿”

几天后的8月2日，即农历六月十九日，观音菩萨成道纪念日，也是傅抱石的岳父罗鸿宾的生日，徐悲鸿惦记着才华横溢的傅抱石，在廖季登叔侄的陪同下，到灵应桥100号罗府回拜傅抱石。徐悲鸿像个宽厚的兄长，静听傅抱石讲述自己的创作经过和对美术史方面的见解，不时地笑着呷茶。随后，傅抱石陪同徐悲鸿游览南昌名胜水观音亭和佑民寺。出大门拐过灵应桥，四人边走边谈，突然一声天崩地裂的轰响，脚下踏着的一块悬空石板从中折断，大家一齐歪倒在地。前面火光冲天，乒乒乓乓震天响，电线杆断了，屋瓦簌簌乱飞，时值庙会，游人蜂拥，不少人死于非命。原来国民党对共产党井冈山根据地发动第三次反革命围剿，存放在寺庙里的辎重军需弹药保管不善，起火爆炸，酿成惨剧。所幸傅抱石徐悲鸿四人所踏的石板下是个干沟，跌坐在地并无伤害。惊吓甫定，每人都出了口长气。回到罗宅，罗鸿宾见贵客临门自是欣喜万分，置酒为众人压惊。徐悲鸿对罗时慧说，这次到南昌，得遇抱石是最大的收获，得识时慧夫人更属平生快事。席上，傅抱石以夜间所凿一方“徐悲鸿”的铜章相赠，徐悲鸿也以一幅《鹅嬉图》相赠，画面上一只大白鹅，头顶一抹朱砂，引颈向天，红掌下几茎青草。据当时住在傅先生家的学生沈飞先生的回忆，右下方空白处有小楷题跋：“辛未初夏，薄游南昌，承抱石先生夜治铜印见贻，至深感荷。兹以拙制奉赠，即希哂纳留念，自愧不相抵也。悲鸿。”

举荐

徐悲鸿认为傅抱石应该有更宽广的空间去展现才华，最好是出国留学，开阔视野。他深知出国留学的重要性，于是满腔热忱地为傅抱石出国留学奔走。

徐悲鸿致信当地最高权势人物、时任第五师师长，并任南昌行营参谋长熊式辉（后任江西省政府主席），为傅抱石延誉，称其是难得的人才，前途无可限量，建议江西省官费派遣他赴国外深造。熊式辉曾在蒋介石接见徐悲鸿时作陪，对艺术大师有深刻印象，但因他此时还不是地方长官，斟酌再三，便从自己的名下拨出大洋1500元，作为傅抱石出国留学的经费。为此，徐悲鸿作《奔马图》一幅表示感谢。傅抱石对徐悲鸿的厚爱和古道热肠十分感动，先后为徐悲鸿刻了四方印章相赠，又为熊式辉刻了两方印章，一为鸡血石白文“熊式辉印”，一为铜印朱文仿秦玺“天翼”（熊式辉号），以表答谢。

*
“熊式辉印”

按照徐悲鸿的最初的想法，傅抱石最好去欧洲深造。法国是徐悲鸿当年留学的地方，现代艺术和雕塑艺术相当繁荣，但傅抱石经费有限，不足以去欧洲，于是改去日本。最终江西省以派他赴日考察工艺美术、改良瓷器的名义出国，傅抱石本人则打算进东京帝国美术学校（今日本武藏野美术大学前身）研究部，攻读东方美术史，兼习工艺、雕塑。

徐悲鸿为傅抱石出国深造之事可谓尽心尽力，不仅几度与熊式辉联系，竭力促成此事，在其后的留学手续，以及傅抱石二度留日等具体事情上，都给予了热情帮助。傅抱石学成回国后，又是他介绍到中央大学任教。

对于傅抱石的绘画，徐悲鸿在 1942 年 10 月就从中国绘画史的高度给予了极高的评价："抱石更能以近代画上应用大块面积，分配画面。于是三百年来谨小慎微之山水，突出其侏儒之态，而不敢再僭位于庙堂。此诚金圣叹所举不亦快哉之一也……大千君璧之外，又现一巨星，非盛世将至之征乎？"

对于徐悲鸿，傅抱石也是尊敬有加。1945 年 7 月徐悲鸿 50 岁生日，邀请中央大学美术系师生在家聚会，傅抱石事先就画好了一幅大画《仰高山图》作为贺礼，在画上，傅抱石写了对徐悲鸿的崇敬之情："民国三十四年七月五日，为悲鸿先生五十大庆，陪都友好于先一日称觞于沙坪坝对江之盘溪中国美术学院。先生握时代，负高艺，倾精力于无限。方之近代，明之白石翁与衡山，清之香光与烟客，其承启之功未足拟也。抱石不才，识先生于滕王阁畔，十数年来，除艺与道外，无它论议。烽火十载，逢先生揽揆之辰，艺运将转，先生之为举世瞻仰者何如也。谨呈此为寿，六月廿九日重庆西郊金刚坡下山斋并记，新喻傅抱石。"

抗日战争胜利后，傅抱石于 1946 年年底回到南京，继续执教于中央大学，年末在南京与徐悲鸿等人一同举办绘画联展。他们在生活上也是彼此关心。1948 年，傅抱石用在上海画展卖画所得准备在南京择地建房，后来听从徐悲鸿的建议，在他的住处西边，买了一亩地盖了座假三层的西式小楼，与其比邻，是为傅厚岗 6 号，而徐悲鸿之居为傅厚岗 4 号。

*

大涤草堂图

*

与徐悲鸿、陈之佛联展时留影

徐悲鸿对于傅抱石有知遇之恩，这是徐悲鸿为人的真性情所致。傅抱石对朋友和学生的热情也是为人称道的，待人接物一贯地殷勤恳挚，他的乐于助人的品格，在传道、授业、解惑外，以自己的人格力量营构了古道热肠的大家风范。他的这种与人友善的关爱态度，首先来源于他对中国优秀的传统道德精神的继承，其次也有他母亲仗义豪爽的性格影响和徐悲鸿对他无私帮助的深刻印象。

黄苗子先生在评价傅抱石对待朋友、学生的态度时，就拿徐悲鸿作了比喻，他说：“他（傅抱石）平日宁可自己生活刻苦，总是照顾比自己困难的同事和朋友，他的这种性格和徐悲鸿很相像。他们两人都同样出身于贫苦家庭，同样在他们的青春年代由于自己的努力和朋友前辈的帮助，逐渐向成功的道路迈步，也同样具有中国知识分子那种可贵的正义感。平日平等待人，同样没有所谓‘艺术家’的架子。”

第六章

求学东瀛

1932年的初夏时分，傅抱石安排好家庭事务，由九江乘轮船直下南京。在古城南京，他先后拜会了徐悲鸿和外交部、教育部等部门，办理出国留学手续，做了两套三件装的西装，购买了衬衣、领带、皮鞋等系列生活用品。

他在南京待了一个多月，一个不短暂的夏天，曾游览了玄武湖，在等待相关文件的空闲，就以画画消遣，《水木清华之居图》就是他在南京的消暑之作，画上题跋："壬午大暑，薄游金陵，长夏无事，写此遣兴。"从南京回到南昌，傅抱石开始为东渡日本作准备，也回了他的家乡新喻章塘村，族人为抱石的才华与成就而自豪，十村傅姓族长、士绅都来为他饯行，摆了60多桌酒席，村上的父老又将共有的一山松树变卖了百余银圆送给抱石作为留学费用……

9月，他登上京沪铁路列车到达上海，在上海十六铺码头乘日本邮轮"上海丸"，一个夜晚后抵达日本神户港，转往东京，客住在罗时慧的同学少德贞的嫂子家里。

傅抱石到日本后，不辞辛苦地乘公交车往返于美术院校、美术馆、博物馆、图书馆之间，聆听了许多学术讲座，对日本美术的现状、发展，包括美术理论、美术教育、工艺美术，特别是陶瓷艺术等各方面进行了调查和全面的探讨研究，以严格的科学态度加以整理、分析，给江西省政府写了一份详细报告，具有较高的价值。这就是后来发表在1935年《日本评论》第6卷第4期上的《日本工艺美术之几点报告》。

*

傅抱石在南京玄武湖

*

傅抱石在东京拍给母亲的照片

傅抱石出国前，将留学经费中的相当一部分留给妻子作为家庭生活费，因此到日本后不久就感到了经济的困难，难以为继；加上儿子（长子傅益筠，即傅小石，1932年9月14日，农历壬申年八月十四）出生，心中牵挂，便于1933年6月回国筹款。在南京再次拜访陈立夫，陈又亲笔致函熊式辉，追加了部分留学补助金，同年8月再度赴日。这次回日本，经人推荐介绍，在中国驻日使馆留学生监督处兼了份“录事”之职，月薪60元，使留学生活有所改善；并顺利地考取了东京日本帝国美术学校（今日本武藏野美术大学前身），成为著名美术史家金原省吾的学生。

傅抱石在日本留学期间，写了许多有关美术史论方面的文章，翻译了梅泽和轩的《南宗画祖王摩诘》，金原省吾的《唐宋之绘画》《东洋美术论》，并针对日本学者伊势专一郎的《自顾恺之至荆浩·支那山水画史》一文的错误，写作了《论顾恺之至荆浩之山水画史问题》一文。这是一篇批驳日本学者伊势专一郎的史论。这个日本学者所写《自顾恺之至荆浩·支那山水画史》，被日本同人认为是研究中国文化的力作，有人称之为“一扫群言独有君”，大有瞧不起中国人的狂妄之意，但内中外误太多，甚至缺乏常识。有强烈民族责任感的傅抱石立刻逐一批驳，写得有理有据有识。这篇文章的中文稿后来在国内《东方杂志》上发表，日文稿在日本《美之国》杂志上发表，郭沫若后来在《云台山图卷》中题有诗句：“笑他伊势徒夸斗，无视乃因视力无。”“糊涂一塌再三塌，谁把群言独扫来？”

傅抱石在日本留学时，学术上的一大收获，是对石涛的兴趣和集中研究。傅抱石对石涛的兴趣，用他自己的话说就是：癖嗜甚深。他作有四言十句表达了对石涛的敬仰之情："一见如故，两心相印，三生有幸，四体不安，五内如焚，六欲皆空，七情难泯，八拜之交，九死不悔，十分向往。"虽然他在早年就注意到了石涛，但真正了解石涛、研究石涛、论石涛、记石涛、画石涛的历程，却是在日本开始的，这也是受日本当时因中国的石涛热而引起的研究石涛的风气影响。他在日本写作完成的《苦瓜和尚年表》，就是发表在 1935 年 3 月的日本杂志《美之国》上。

在东京帝国美术学校研究部，他师从金原省吾教授攻读画论和东方美术史，同时学习雕塑并研究工艺美术。为了更方便学习，他在学校所在地的吉祥寺附近，赁了一处住房。

除著书立说，他还不停地作画、治印。

在日本留学的傅抱石虽然较同学年长，但他待人彬彬有礼，谦和有度，他的同学、日后的武藏野大学教授、著名美术评论家盐出英雄对他印象极佳："皮肤白皙，头脑敏捷，气宇轩昂，洵如贵公子。"对于当时的学习和生活情况，傅抱石本人曾对采访他的人简言：

> 1932—1935 年去日本学习图案，是为了江西瓷业需要，实际上我不喜欢图案，学了半年雕塑，后改学美术史（在东京帝国美术学校），当时三十来岁，在学生中是年纪较大的。

当时常跑书摊。每年秋季日本各报刊出增刊，美术的四毛钱一本，见到就买。花钱多的是买报告票。日本学术报告也登报卖票，二角一张，买报告书又是二角，油印得很好，时间长了，材料堆了很多，有时教授都来向我借。当时自费上学很难，半年交不起学费就撵。靠翻译很快，十几号发来书，月底上海即可汇稿费来。警察也常来检查看有没有赖账赊欠一类事，给他点钱就没事了。

当时主要靠晚上，九、十点钟后搞到夜里两点，以后就睡到第二天下午三点，起床后看电影、游玩，和朋友到咖啡馆，他们跳舞我喝啤酒……

1934年暑假，傅抱石也曾一度回国省亲，住到近年底才回到日本。除了师从老师学习各门功课，他致力于学术研究，完成了许多学业，并于1935年5月在东京银座松坂屋举办了“傅抱石氏书画篆刻个展”。

相识郭沫若

傅抱石到日本不久，就在大使馆留学生处邂逅了先期来日的南昌旧友、江西省教育厅厅长朱念祖的儿子朱洁夫。朱念祖、朱洁夫父子对傅抱石的教书和留学都给过相当的帮助，与傅抱石关系十分密切。中华人民共和国成立后，朱洁夫任全国政协常委、副秘书长兼学习委员会副主任，还是傅抱石三女傅益瑶的干爹。此时朱洁夫正就读于东京早稻田大学政治经济系，他身材颀长，仪表堂堂，交游广泛，他偕同傅抱石去千叶县市川镇真间区拜会了避难日本的郭沫若。郭沫若生于1892年（农历壬辰年），属龙，长傅抱石12岁，大龙小龙一见面就相谈甚欢，从此过从甚密，开始了他们几十年的深厚友谊。

郭沫若早年留学日本，后参加北伐战争，写的《请看今日之蒋介石》一文产生重大政治影响，国内大革命的失败，迫使他不得不流亡海外。在日本，他博览群书，著书立说，与日本女子安娜结婚后，生活在真间山下一个相对宁静的环境里。具有丰富传统文化知识的傅抱石的来访使他欣喜异常，援为知己。他在傅抱石带去的《笼鸡图》上题诗："笼中一天地，天地一鸡笼。饮啄随吾分，和调赖此躬。高飞何足羡，巧语徒兴戎。默默还默默，幽期与道通。"

傅抱石在东京举办"个展"时，郭沫若给予了全力支持，为之写序，帮助张罗有关事宜，并题写了展览会会标："傅抱石氏书画篆刻个展"。

傅抱石在个展上展出的篆刻作品，给了郭沫若十分强烈的印象。直到数年后回国参加抗战，他在《轰炸中来去》一文中，还念念不忘："……又想到傅抱石，这是一位擅长篆刻的名手，他能刻细字，于方寸之内刻列万言，国画也相当出色的。我是在日本认识的……我知道他在中央大学艺术科担任教师，便马上打电话去问，却没有问出一个结果。"

在傅抱石几十年的绘画生涯中，郭沫若为他的画题诗最多。在重庆金刚坡，在杭州西子湖畔，在北京，郭沫若都在他的画作上题了很多诗，现在保存下来的至少有三四十首之多，从最早开始于日本的题画，直到1965年1月，他还激情满怀地为傅抱石的《延安画卷》一口气题写了八首绝句。而傅抱石的许多重要作品，如《丽人行》《湘夫人》《九老图》《游九龙渊诗意》等传世之作，都是呈送给郭沫若的。

*
湘夫人

郭沫若与傅抱石的友谊介于师长、朋友之间。无论是当初在日本的结识，还是在重庆金刚坡的交往，郭沫若都是傅抱石许多重要作品的最早的读者和欣赏者。傅抱石的一些创作，也明显受到郭沫若的启发和激励。

*
傅抱石与郭沫若、朱洁夫

1953年，在屈原被列为世界文化名人的时候，郭沫若在20世纪30年代《离骚》今译的基础上，又今译了《九歌》《天问》《九章》等屈原的作品。傅抱石读到郭沫若的译作十分高兴，说这是“一二千年划时代的再创作”，于是开始营构《九歌》图画。1954年，他先后据郭沫若译作创作了《九歌图·湘君》《九歌图·湘夫人》《九歌图·东皇太乙》《九歌图·山鬼》《九歌图·东君》《九歌图·河伯》《九歌图·大司命》《九歌图·少司命》《九歌图·云中君》《九歌图·国殇》十幅，自谦地从时间角度说《九歌》的全部构成是“清初以后（大约三百年）较早的一人”。九歌图无疑是傅抱石的代表作之一，完全可以说，他已当之无愧地被人们称为三百年来绘制《九歌》诗意最得神韵、最有创新的艺术大师。

傅抱石受郭沫若的启发创作屈原与屈原赋诗意的最初动因，应上溯到 1942 年。

1942 年 6 月，郭沫若在重庆创作了五幕话剧《屈原》。屈原，是几千年来中国士大夫知识分子的一个人格典范，同时又是一个勇于抗争强暴入侵的英雄，是一个敢于以死来维护尊严的勇者，是一个热爱自己的祖国和人民的爱国者形象。公演后社会反响强烈，热血青年、爱国之士莫不受到鼓舞、感染。时年 38 岁的傅抱石与屈原有着强烈的情感共鸣，感佩之余挥毫创作了《屈原》，郭沫若立即为之题了长诗："屈子是吾师，惜哉憔悴死。三户可亡秦，奈何不奋起？吁嗟怀与襄，父子皆萎靡。有国半华夏，筚路皆经纪……中国决不忘，屈子芳无比。幸已有其一，不望有二矣！"

激情满怀的郭沫若接着又在傅抱石的《陶渊明像》上题了《中国有诗人》一诗，在《渊明沽酒图》上题了"苍苍古木寒，觳觫难可遮。前村沽酒去，薄酒聊当茶……呼童急急行，莫怨道途赊。"在《龚半千与费密游》上题了三首，在《张鹤野诗意图》上题了两首。

郭沫若在战事频仍的间隙，为傅抱石的《明末民族艺人传》写了序言并题签："……抱石考艺事最专……吾国艺人本以'敦品'为第一要义，聪明次之，学问又次之……兹民族危难，不减当年；抗战建国，责在我辈！余嘉抱石之用心，而尤愿读者深察之也。"郭沫若退出

*
屈原 1

*
屈原 2

三斤后，还为傅抱石的许多画作，如《云台山图卷》《湘夫人》《夏山图》《五柳先生》题诗。郭沫若之所以如此，是他认为傅抱石的这些人物画充满了忧国忧民的情怀，以及他对先贤的景仰和推崇：“统观抱石所示诸图，如屈原，如陶潜，如野遗与费密游，如鹤野题石涛画，似均寓有家国兴亡之意，而于忠臣逸士特为表彰……”

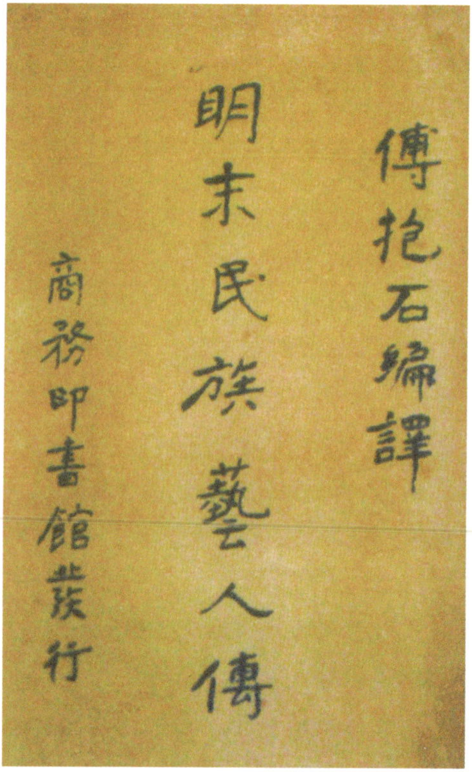

*

《明末民族艺人传》

傅抱石探索创新中国画的过程中，少不了被别人误解和攻击，说他的绘画不是中国画，是西洋画。有人甚至在报纸上发表打油诗讥讽，发出“哎呀，我的妈妈呀”之类的惊叹，傅抱石不为所动，与徐悲鸿先生的“独执偏见，一意孤行”一样，依然“我行我素”。傅抱石执着坚定的态度中，有来自郭沫若的一份友情和支持。郭沫若对傅抱石的艺术成就的态度是一贯的，他们两人相知相交几十年，最重要的原因，就是他对傅抱石艺术追求的理解和鼓励，而这种肯定和赞赏对傅抱石来说，绝对不是可有可无的。可以说，徐悲鸿是发现傅抱石的伯乐，郭沫若则是傅抱石艺术的知音。郭、傅二人还在昆明举办过书法、绘画联展。1944年，郭沫若在傅抱石的一幅山水小画上肯定了他的画风的改变：“天下山水在蜀中，渔洋此语非托空。抱石入蜀画风改，青城峨眉到笔峰。师法自然创奇格，好在新旧能兼融。此幅虽小有远致，山岩突兀挺苍松。艳说须弥寓芥子，会看破壁起苍龙。”这是十分中肯又及时的积极评价。对于傅抱石的创造，郭沫若早就十分肯定地说：“军兴以后，居蜀八年，蜀中之山水奇气，战时之烽燧严警，错节盘根，惊心动魄，遂使今之抱石更已駸駸乎迈入大家之林，欧美人士之识画者亦无不讶其独造。”1958年，《傅抱石画集》由北京人民美术出版社出版，郭沫若著文将傅抱石与齐白石相提并论：“抱石作画别具风格：人物善能传神，山水独开生面。盖于旧法基础之上摄取新法，而能脱出窠臼，体现自然。吾尝言：我国画界身有南北二石，北石即齐白石，南石则抱石。今北石已老，尚望南石经历风霜，更臻岿然。”并为其画室题名并亲书“南石斋”三字相赠。

*

南石斋 1

郭沫若不仅是傅抱石艺术上的知己，也是他政治生活中的贴心朋友。中华人民共和国成立不久，有人以极左的态度对待中国画，也涉及傅抱石的个人历史和创作，傅抱石为此非常苦闷。郭沫若对傅抱石的历史情况十分清楚，于是给江苏省委有关领导写信，帮助释疑，使傅抱石能放下包袱，一如既往地从事绘画和学习……在反右、反右倾等一系列政治运动中，郭沫若也多次施以援手，使傅抱石无后顾之忧，从而在绘事上能尽展其才。

傅抱石对于这位知己朋友，是十分敬重的，每逢郭沫若生日，他都会或大或小地画上一幅画，以表祝福；傅抱石60大寿时，郭沫若作书法斗方及对联以贺。书法题：“服务人民，老当益壮；师法造化，锦上添花。抱石同志，年已周甲，画艺创造，到老不衰，服务精神，与年俱进，用赠此联，以资共勉。一九六三年秋，石沱生撰并书。”洒金对联：“服务人民，老当益壮；师法造化，锦上添花。郭沫若撰，于立群书。”

郭沫若与傅抱石的友谊和关怀，还体现在傅抱石去世后，对其家属生活和遗作的处理态度上。其中有两件事值得特别一提。

1946年，时任四川省教育厅厅长的郭有守先生，被任命为中国驻法国大使馆文化参赞，赴任前夕携带了傅抱石的60幅作品在法国巴黎东方艺术博物馆举办了傅抱石画展。展览结束后，除售出的部分，尚有33幅作品，存在法国巴黎东方艺术博物馆保险库中。中华人民共和国成立后，郭有守定居海外，傅抱石无法讨还这批作品，直至去世，“文革”又至，家属更无力追索。1970年，傅抱石的夫人罗时慧从报纸上得知原国民党外交官郭有守回国定居的消息，立刻给时任人大常委会副委员长的郭沫若写信，报告了事情的经过。郭沫若的秘书王廷芳先生在回忆文章中写道：“1970年，郭老接到抱石先生的夫人罗时慧同志的一封信，说抱石先生在解放前曾将一批画交给当时政府驻法国使馆的郭有守先生带到巴黎，准备在巴黎开一次画展，以后没有实现。这批画就存在郭有守先生处。现听说郭有守先生已回到国内，不知确否？这批画还能否找到？请郭老帮助打听一下。郭老将这件事交给我办。经过多方查询，终于找到了郭有守先生。郭有守先生说确有此事，画还有 32 幅（应是 33 幅，王记有误），他回国时全部交给了法国巴黎博物馆馆长契利夫先生保管。他可以给契利夫先生写封信，最好请我驻法使馆派人持他的信直接和契利夫先生联系。郭老认为这样做很好，请外交部和我驻法使馆帮忙。不久，我驻法国使馆答复说：契利夫先生对我国十分友好，32 幅画完整无损地保存在巴黎博物馆，他完全同意将这批画交我使馆转给抱石先生的家属……几个月后，这批画从巴黎送到了北京。郭老找王冶秋同志商量，并征得了罗时慧同志和故宫博物院吴仲超院长的同意，决定将这批画捐献给国家，交故宫博物院收藏。”

此事得到了国务院总理周恩来的批准。这是故宫博物院第一次收藏傅抱石的作品。“当时，‘四人帮’还在台上，国家正处在动乱时期，把中国画当成‘四旧’，况且罗时慧同志全家在政治上、经济上都处于极端困难的状况……那是多么不容易，甚至还冒着很大的风险啊！郭老为此事倾尽了全力，为老朋友的遗属解决了暂时的困难，也为以后解决他们的问题打下了基础。”（郭沫若秘书王廷芳语）

“文革”动乱中，傅抱石的遗作和遗物辗转被南京博物院保管；家属生活也陷入极度困难之中。“文革”后期，家属数次索画都没有结果，在不得已的情况下，罗时慧于1977年给郭沫若写信求援，希望落实政策。郭沫若接信后，立即为此事给人大常委会副委员长邓颖超写信，请将罗时慧的信转送时任国家副主席的李先念处理，李先念紧急批示国家文物局阅办。郭沫若还指示秘书给当时的江苏省主要领导写信督促，郭沫若本人两次给傅家汇款，还几度表示要卖掉自己的画，接济傅抱石家属的生活……

师从金原省吾

傅抱石第二次到日本后，报考了东京帝国美术学校研究部，并顺利被录取，师从金原省吾教授，攻读东洋画论和东方美术史，同时学习雕塑并研究工艺美术。

金原省吾教授系早稻田大学博士，曾学习过日本文学，又师从著名画家平福百惠学习绘画，著有《东洋画概论》《中国上代画论研究》《唐代之绘画》《宋代之绘画》等十余部理论著作，是著名的东方美术史家。傅抱石最初拜会老师时，因为口语不行，只限于笔头翻译，纸面上笔谈。据金原省吾夫人的日记，师生二人常常静静地用笔在交流，却不时于安静之中突然传出一阵笑声。傅抱石把他出版的《中国绘画变迁史纲》，亲笔誊写的《摹印学》，以及书法、绘画、篆刻作品，带给老师看。金原省吾对这位从中国来的年轻人有极大的好感，他在日记中写道：“傅抱石君来了，他申请入研究

*
金原省吾夫妇

科。他带来了《中国绘画变迁史纲》及《傅抱石所造印稿》……他的目的有二,一是研究画论，一是学雕塑。我的第一位弟子竟然是中国人，真是奇妙的缘分。”他后来在傅抱石译著的《唐宋之绘画》序文中这样说：“……君（傅抱石）新其志，留学及于我国，得与君亲接，于君之温雅精致之性情，弥深亲爱之念。君日夜孜孜努力，学艺之态度，余最为欣喜……”

*
为金原老师所刻三枚印章

金原省吾与傅抱石关系如同亲人，学生对待老师敬重有加，老师对待学生关怀备至，谱写了一曲中日文化交流的颂歌！

傅抱石在日本的学习是紧张而有成效的，除师从金原省吾学习画论画史，还兼从川崎小虎、小林巢居等学习日本画，从清水多嘉学习雕塑，一度希望从中川纪元学习油画。他翻译了梅泽和轩的《南宗画祖王摩诘》，金原省吾的《唐宋之绘画》（上海商务印书馆 1935 年 2 月）、《线的研究》、《东洋美术论》，并针对日本学者伊势专一郎的《自顾恺之至荆浩·支那山水画史》一文的错误，写作了《论顾恺之至荆浩之山水画史问题》一文，以及《苦瓜和尚年表》等文章，写作了《中国绘画理论》一书（上海商务印书馆 1935 年 8 月）。除著书立说，傅抱石还不停地作画、治印，创作了一批绘画，如《双鹅图》《竹林山居图》《雀石图》《笼鸡图》《秋壑鸣泉》《水边林下图》等。

1934年7月，利用学校放暑假的空隙，傅抱石回了一次国。从东京到长崎，乘船赴上海又经南京返回南昌。路途中，他不断给自己的老师写信，报告自己的情况："一行平安无事，犹望释念为感"，"在上海、南京各处，对于先生高深之学理，无不详细申说，故中华友人皆望生能长期向先生研究，此亦生之愿望也。""晚在南昌，曾晤各方面之名流、学者，无不以先生之伟大学问，亲爱之精神努力宣传，实认为此生最大之幸福。"1934年底的信中，傅抱石在信中提及了自己的计划："拟在此休息中，研究'石涛'，先将其《评传》写成"，"不为曷事，桥本关雪氏曾言：'欲写石涛之评传为不可能'。晚今勉为之。"他以此激励自己，向更深的研究领域和更高的学术目标挺进。

他在结束休息后，又经南京到上海回日本。

1935年5月10日，傅抱石在东京银座松坂屋举办了《傅抱石氏篆刻书画个展》。这个展览得以举办，除了郭沫若的帮助，金原省吾在画展场地等具体事宜上给予了决定性的支持。一个初到日本的异国青年要想在东京举办一个展览，谈何容易，且又是选址在银座最繁华的路段。因为困难太大，傅抱石不免有些悲观，他在写给老师金原省吾的信中多有流露："展览会场，银座松坂屋能空场，最佳。乞先生费神托冈登先生接洽。""场所最困

*

莲池图

难，冈登先生所接洽之银座松坂屋不知能否决定？生以为中国人或难成功。况生之作品又甚恶劣，更少希望。兹为使进行便利之计，可接受松坂屋之任何条件，或百元以内之赁金，此指松坂屋而言。若松坂屋不成，则生拟就银座资生堂、鸠居堂二处赁供一处。仍乞先生托人接洽，因生系中国人，自分与之接洽，必无结果，可断言也。”所幸金原省吾托冈登先生多次奔走联系，最终确定了在松坂屋的展场，傅抱石有这样的表白：“展览会会场，蒙先生负促成，将来若晚有进境，当永远铭感先生之大德也。”

金原省吾为画展写了序文（摘要）：“……君立志东渡，钻研孜孜不倦，对其所学笃实精专……君之画风温雅，此与君之生性温雅一致……由于早年受到美术教育，完成了作为美术家的教养；而之学者素质，似使君更具艺术研究者风范，且兼具治学及艺术创作两种才能，从而造就了理想的中国文人画人才。君之画风，温而不锐，和而不重，使人乐于接受。窃以为此为参观本展览会万人之同感，决非余一人之所想也。”

对于老师的帮助，傅抱石自辑“个展”部分作品照片一册，赠送金原省吾，册前还附了个人照片一张并题款：“乙亥五月举行个展于东京，吾师金原先生曾予以非常之援助，诚感激无涯也。爰将作品写真组为一册，奉作纪念。一九三五．五．四．后学傅抱石呈。”

首次个人展览的成功，激励傅抱石以更为积极的姿态筹办第二次展览，并初拟于深秋 11 月在名古屋举办。

*

傅抱石赠金原省吾照片

可是天有不测风云，6月他收到了母亲病危的电报，不得不丢下一切，匆忙回国。临行前，将《傅抱石自造印稿》和裱好的、未裱的、已完成的而未题款的和未画完的画，还有著作、文稿、印章、纸笔画具等都寄放在金原省吾老师家中。金原省吾代为保存的这些东西，后来一件不少地被捐赠给东京帝国美术学校，如今全都陈放在武藏野美术大学内。

傅抱石与老师的感情深厚，他屡屡致信老师，充满了怀念之情，金原省吾不久给傅抱石寄去了毕业证书，傅抱石在回信中汇报了工作近况后，说："先母之丧事，及诸种不愉快之事，身体上感觉非常不健康，已甚瘦弱，不如在东京矣。因此，众多之研究计划，不能进行也……石返国将年，无时不悬念先生及感激先生。即妻子亦常抱无限感谢，故石每次执笔作画，均如有万语千言，书写不尽。今阳春三月，江南草长，回首东方，万感咸集，上野之樱，想又将散矣。先生有暇，万乞常赐教言，至荷至祷。"

1935年10月，傅抱石在给老师的信中同样深情地写道："晚现在远望海天，何胜伤感！诚不知何日再与先生共商艺术也。"

1947年6月19日，傅抱石最后一次给金原省吾写信，无限伤感地说："别教十余年矣，仰企何似……知先生念我甚切，曷胜感谢。……井荻之风景与西荻窪之幽邃，想如当年，何日得重登先生之堂，一倾积想也……"

东京首次“个展”

1935年5月10日至14日，在金原省吾和郭沫若的帮助下，傅抱石在东京银座松坂屋举办了《傅抱石氏书画篆刻个展》。松坂屋是日本最大的百货公司，位于日比谷公园之东，繁华的十五号大街，是一幢在当时非常突出的五层大楼，楼上宽敞的大厅正是东京最高档的美术展览场所。

这是傅抱石生平第一次开展览，共展出山水、人物、花鸟、书法、篆刻、印谱共175件，另有“篆刻拓本190余点”。其中绘画作品（山水、人物、花鸟）48幅，如:《水木清华之居》《九百余岁》《渊明沽酒图》《人间难得之境》《葡萄》《佛》《雁来红》《柳夫人名如是》《千岩竞秀》等；书法作品6幅，如:《节临散氏盘》《集殷墟文字联》《篆文联》等；篆刻作品123方，有石印、竹根印、铜印，如：“采芳洲兮杜若”（边款:《离骚》）、“古道照颜色”（边款:《正气歌》）、“空悲切”（边款:《满江红》）、“不求闻达”（边款:《前出师表》）、“一生都只为花忙”（边款:《百花诗》）、“阳春白雪”（边款:《对楚王问》）、“人间天上”（边款:《长恨歌》）、“世外烟霞”（边款：石涛诗作）、“其乐淘淘”（边款:《酒德颂》）、“清斯濯缨浊斯濯足”（边款:《渔父》）、“乐夫天命”（边款:《归去来辞》）、“造化小儿多事”（边款:《洛神赋》）、“不去不回惟少年”（边款:《秋风辞》）等。

*

东京个展场景 1

*

东京个展场景 2

出席展览的除了金原省吾、郭沫若、朱洁夫等人，还有日本美术界、文化界的诸多名流，如绘画耆宿横山大观、文学大师佐藤春夫、艺术史论大家中村不折、文部省大臣正木直彦等一批重要人物出席，可谓盛况空前。

傅抱石展览会的这批作品，名目多样，书法、绘画和篆刻，显示了丰富的艺术学养和才能，绘画作品有山水、人物还有花鸟，这在其后他的众多展览中是不多见的，也表明他在绘画的表现形式上的探索和努力。

展览会上的书法虽只有几件，但值得一提，其《五言古诗魏书》："公禀二仪之龢……"，上有款题："年余不作魏书，偶一为之，弥觉生硬，吾思古人。"写于1934年。傅抱石在青少年时代痴迷印章，涉猎浙、皖诸派，尤对赵之谦用力甚勤，曾仿赵之印章在南昌文化界引起轰动。印章是以书法为基础的，他在书法上下过极大的苦功，尤其是篆书，从钟鼎、石鼓至小篆，无不精娴，他临摹赵之谦书法是应有之义，赵是书、画、印的全能大家，北魏书尤为人所称道。傅氏的这一幅字正是北魏书，以颜真卿体的平画宽结入手，化刚为柔，写得圆通婉转，又不失刚直方硬。《五言古诗楷书》："陶潜任天真，其性颇耽酒……"是其楷书作品，端正大方，颇有力量。

绘画作品里有不少翎毛、花卉画，《笼鸡图》《枇杷》《葫芦》《树下马图》等，留学归来后却极少涉猎花鸟题材，其原因，他曾夫子自道"不善画马"，更重要的也许是因为花鸟画不能倾尽画家胸中的逸兴，而在山水和人物画中，他能尽情尽兴地把自己时而激情澎湃、

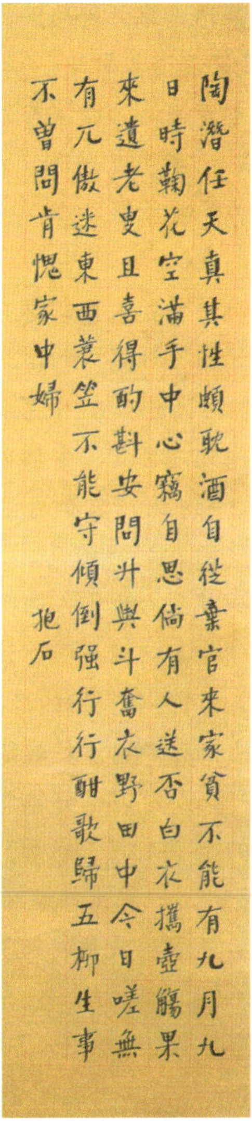

*
五言古诗楷书

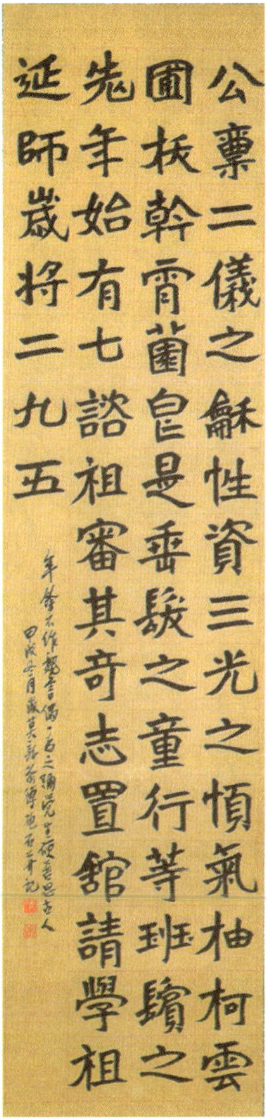

*
五言古诗魏书

时而深沉蕴藉的内心情感充分表达出来。因此，他在日本所绘“花鸟”就格外珍贵。《笼鸡图》题款：“谷充汝饥，笼供汝宿。何以为报，连皮带肉。”郭沫若先生题诗：“笼中一天地，天地一鸡笼。饮啄随吾分，和调赖此躬。高飞何足羡，巧语徒兴戎。默默还默默，心期与道通。”

我们能一窥年轻的傅抱石对社会和人生的思考，那就是“笼鸡有食刀汤近，野鹤无粮天地宽”的情怀，这种感怀对我们今人依然有着巨大的认识价值。《笼鸡图》用浓墨准确造型，生动逼真，用淡墨画笼，主体母鸡和环伺小鸡，布局恰到好处，大小对比，浓墨与淡墨相映，极有生活情趣。

写意花鸟在明清有较高的成就，八大山人的作品中常用简练的笔法来寄寓感情，傅抱石学习这类手法，在《石上鸟图》《长石上鸟图》等作中可见其简洁的造型。

花卉作品《枇杷》，也是他日后极少涉足的绘画样式，所以颇珍贵，《枇杷》图中有记：“写于日本江户时乙亥仲春三月”，画家对夏初的季节充满了惬意，葳蕤的浓绿阔叶间闪耀着橘黄的果实，一派生机盎然的景象，也是画家心中的美好所在。从淋漓快意的笔墨中，可以看出作者一气呵成的笔势及成熟的笔力功夫。

在山水画方面，有《仿黄鹤山樵的秋睿鸣泉》《水林清华之居》《竹间人物》等，其风格依然承袭他21岁所画四条屏的路径。《仿黄鹤山樵的秋睿鸣泉》是1933年秋天即将赴日前之作。黄鹤山樵是元代画家王蒙的号。王蒙是赵孟頫的外孙，从小受到良好的艺术教育，其笔

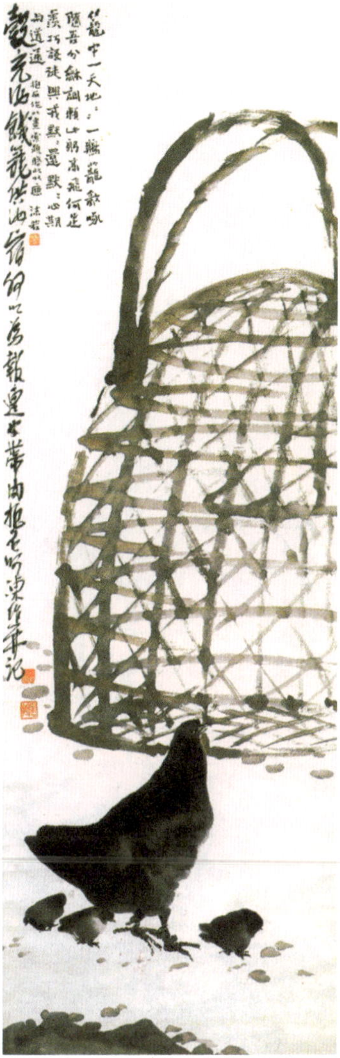

*

笼鸡图

*

仿黄鹤山樵的秋窨鸣泉

*
水木清华之居

墨深厚，有“五百年来无此君”之誉，画作具有鲜明的个性，苍茫浑厚。《秋壑鸣泉》是王蒙的代表作。王蒙的作品最有魅力之处，在于能充分表现江南溪山林木的润湿感，这正是吸引傅抱石目光之所在。在这幅仿作里，一笔一画，严谨规范，可见他摹古的认真。傅抱石临仿王蒙的繁密布局，以泉、瀑、云雾相穿插，画面浓淡相宜、空灵通透。

另一幅《水木清华之居》是傅抱石 1932 年在南京办理出国留学手续时的遣兴之作，并随后带去日本，上有题款：“壬申大暑，薄游金陵，长夏无事，写此遣兴。”此时傅抱石 28 岁，在绘画上还没有形成自己的风格，正从传统入手，学习摸索，这幅作品便是他临古学习之作，构图严谨，皴点都很到位，近坡远山，高木矮树，葳蕤华滋，有润湿之感，虽满幅树木、山岩，但以池塘湖泊为空白，视觉空间极大，临湖一阁，真可称之为水木之中的清华之居，饶有古趣。

展览会上的这些山水画，总的来说，可见他努力在前人的笔法和构图的基础上有所探索，但总体面貌上没有发生大的变化。

展览会上，最引人注目的是傅抱石的篆刻作品，除了他的《抱石所造印稿》、多幅印拓外，还有几方需用架在一旁的高倍放大镜才看得分明的刻有边款的图章，如浅红芙蓉石白文印“清斯濯缨浊斯濯足”的边款刻有屈原《渔父》全文 210 字；豆绿青田石白文印“阳春白雪”的边款刻有《楚辞宋玉对楚王问》全文 246 字；白石朱文印“乐夫天命”的边款刻有陶渊明《归去来辞》

全文338字；“不求闻达”朱文印边款刻有诸葛亮《前出师表》全文634字；鸡血石白文印“采芳洲兮杜若”的边款刻有屈原《离骚》全文，和序、跋，共2765字；等等。

展览会上，傅抱石还应邀作了现场刻印表演，让众多的日本记者和观众看得如痴如醉。第二天日本报章便有了生动的描写，引用横山大观的话作标题《中国篆刻神手傅抱石胜过米滴神手》，并配以现场拍摄的照片，在社会上产生了相当大的影响。

展览会盛况空前，取得了极大的成功，展品几乎全

*

印章边款1　洛神赋

*

印章边款 2　离骚

部卖完，事后还有更多的人订购书画和印章。

郭沫若在《竹阴读画》一文中对这次画展有过记述：“……抱石在东京时曾举行一次展览会，是在银屋的松坂屋，开了五天，把东京的名人流辈差不多都动员了。有名的篆刻家河井仙郎、画家横山大观、书家中村不折、帝国美术院长正木直彦、文士佐藤春夫等，都到了场，有的买了他的图章，有的买了他的字，有的买了他的画。虽然收入并不怎么可观，但替中国人确实是出了一口气。”

金原省吾在日记中写道：“今天在银座松坂屋参加了傅抱石君的个展，大观氏、佐藤春夫、神北氏等都来看并买了展品，今天一天就卖了300元左右，抱石君高兴得不得了。我们三人一起照了相。这个期待了这么久的展览会终于成功了，真太好了。”金原夫人在日记中也写道：“今天是抱石的展览会，丈夫近十时才回家，展览会十分热闹，横山大观先生在展览场看了近三个小时，又买了画，佐藤春夫先生买了印章，松坂屋也说连想也没想到会办得这样热闹，他们非常高兴。”

徐悲鸿为画展题词“追寻真艺”。

当时的驻日公使蒋作宾题词“艺兼三绝”。

东京帝国美术学校院长正木直彦评论：“……君艺术天分甚高，书、画、雕塑、篆刻等无所不能，且皆自成一家。而君之笃学使其艺术更高；君之高艺使其学识更深。唐张彦远曾言道：‘江南地精艺多。’恰君正出身于江西省，可证此言不谬……”

出版家、中国古籍版本学家田中庆太郎评论：“观傅抱石君之篆刻技艺，远承秦玺汉印之渊源，近采浙徽两派之所长，自成一家风格……其作品精彩而绝无浮躁傲气，令人心旷神怡。君于刻小字边款更深得妙法……皆高雅味而不堕俗套。其趣身令人佩服……”

篆刻家河井仙郎评论：“今观傅抱石先生所作印章，大都以秦汉为宗，另取徽浙各家之长，别开生面，有我国作家难以达到之妙处。正是轨途纯正，不背大雅；布局运刀，皆中规矩，令人佩服之至。以上所评，余确信：好古之士，必与余有同感焉。”

“傅抱石氏书画篆刻个展”的成功举办，无疑是积极扩大中国画国际影响的成功范例。

1935 年 6 月 24 日，傅抱石因母亲病危，匆匆回国。

*
1935 年傅抱石回国奔丧

还家，母亲已于7月9日（乙亥六月九日）病故，享年59岁，竟未及见慈母一面。料理完丧事，傅抱石原拟返日再续学业，但由于时局变化，日本军国主义扩张，中日关系紧张，加上经济原因，就再也不可能东渡了。

1936年年初，傅抱石收到毕业证书，正式结束了在日本的留学生涯。留学日本是他一生重要的人生经历，更是他从事艺术史论研究和绘画创作的重要经历。

第七章

热血男儿抗战

南京中央大学教席

回国后，傅抱石应徐悲鸿之邀，到南京中央大学教育学院艺术科担任了“兼任讲师”，讲授美术理论和中国美术史，还教授书法和篆刻两门课。罗时慧从武汉美术专科学校毕业后，在南昌的一所私立心远中学任音乐教师，夫妻二人只能或在南昌或在南京假期相聚。

在中央大学教课时，曾送傅抱石赴日留学的江西省主席熊式辉到中央大学来看望他，有意请他出任江西省某县县长。不在意于官场之道，只专注于绘画、美术和教学的傅抱石婉言谢绝了熊主席的好意，以曾在日本展出过的“不求闻达”一印相赠，新刻边款：“此武侯出师表印，癸卯冬旅日时所作，乙亥五月曾展观于东京，为感天翼主席欣值之德，谨献是石。小技恶劣，不足报万一也。乙亥八月晚傅抱石记。”此后，他相继刻了“淡泊以明志，宁静以致远”“无官一身轻”“富贵于我如浮云”等印章，以明心迹。

*

印“不求闻达”　　印“富贵于我如浮云”

*
青年傅抱石

这段时期，是傅抱石一生中著述最丰的阶段，《中国绘画理论》《日本法隆寺》《论秦汉诸美术与西方之关系》《中国文人画概论》《民国以来国画之史的观察》《中国美术年表》等都完成于这个时期；编译编著了《基本图案学》《写山要法》《木刻的技法》。除参加了中央文化事业计划委员会研究工作，还进行石涛的专门研究，相继完成或发表了《石涛丛考》《石涛再考》《石涛年谱稿》《大涤子题画诗跋校补自序》《大涤子题画诗跋校补后记》等著作。

1936 年中华学艺社举行年会时，傅抱石作为社员，于暑期探亲时的 7 月 24 日至 28 日，在南昌东湖之滨的“益群社”举办书画个展，展品 112 件，均为在南京中央大学授课之余所作。除了教书和创作，傅抱石还参加了一系列的美术活动，如“第二次全国美术展览会”的筹建与展览工作，联名发起成立全国“中华美术会”等。

辗转皖南、江西

1937 年 7 月 7 日，发生了震惊世界的卢沟桥事变，日本军国主义悍然发动侵华战争，8 月淞沪抗战爆发，形势十分严峻。随着日军逼近南京，中央大学决定内迁，疏散教职员工。傅抱石按照命令，把夫人、岳母及两个孩子托人送回南昌，只身去了安徽宣城，遍访坚守气节的明末遗民画家梅清和石谿等人遗迹，他们的绘画对于傅抱石有重要的影响，如他自己所说：“对我的绘画直接影响较多的古代画家主要是十七八世纪明末清初的一些画家，如石涛、梅清、石谿，这些画家在他们生活的当时不为一般人所佩服。”即便在20世纪初叶，梅清、石涛等画家也不为一般画家重视，傅抱石却青睐有加，不仅研究他们的艺术，还研究形成这些画家及其艺术的自然和人文环境，可见他独特的审美倾向和艺术眼光。在宣城他遇到了摄影家罗寄梅，于是二人相偕考察石涛遗迹，实地探访了敬亭、鳌峰、双塔、虹桥等处，请罗寄梅拍摄了许多照片，为《石涛上人年谱》一书收集“自然实相”资料。在宣城期间，他完成《六朝时代

*

敬亭秋

之绘画》《石涛画论之研究》《石涛生卒年考》等著作，而后赴南昌与家人团聚。数年后，傅抱石与罗寄梅相会于“壬午画展”，1943 年 1 月 20 日，即壬午大寒后一日，傅抱石画了一幅画，送给了罗寄梅，“乃凭悬想构此小图，以敬亭双塔之胜为贤夫妇志别”，画题“敬亭秋”三字，为李白“此处别离落叶，朝朝分散敬亭秋”的意境。

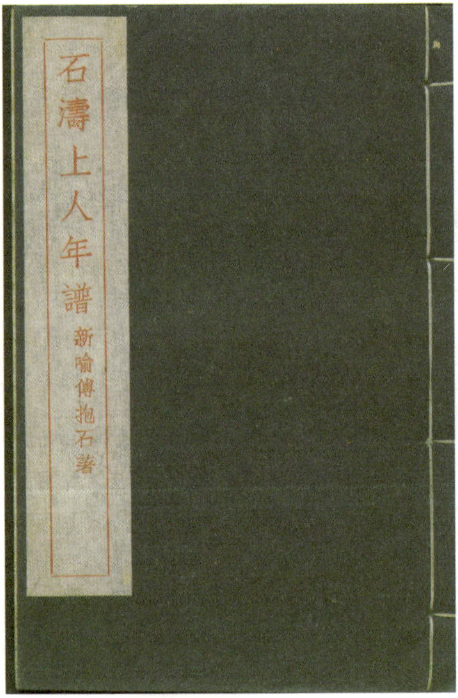

*
《石涛上人年谱》

在南昌，他和全家人（夫人罗时慧，岳母李太夫人，二子傅小石、傅二石）先后在市内和郊外市汉镇住了两个多月，并过了春节，节后就率全家溯赣江回到祖居地新喻章塘村，不久移居新喻马洪乡桥上村同族傅家忠家，靠亲友往来南昌时带来的报纸杂志了解战事。

在家乡期间，一天他从上海《大公报》报纸上读到郭沫若的文章《在轰炸中来去》，知道郭沫若已自日本回国，并在国共合作后，出任国民政府军事委员会政治部第三厅主任一职，负责抗日宣传工作。在郭沫若的领导下，三厅集中了一批共产党和爱国进步的文学艺术家，如田汉、阳翰笙、冼星海、张曙、叶浅予、李可染等，郭沫若在文章中提及傅抱石时说："……又想到傅抱石，这是一位擅长篆刻的名手，他能刻细字，于方寸之内刻列万言，国画也相当出色。我是在日本认识的……我知道他在中央大学艺术科担任教职，便马上打电话去问，但却没有问出一个结果。"

傅抱石得知郭沫若在找寻自己，于是率全家赶赴武汉，投身到抗日宣传工作中去。

参加"三厅"抗战

在武汉三厅，傅抱石担任厅长秘书室"同中校秘书"，协助处理行政事务，起草讲稿、公函及重要文告，常常往来于株洲、衡阳、东安、桂林一带，为抗日宣传尽心尽力，经历过"武汉保卫战""长沙大火"等历史性大事件……

傅抱石认真履行工作职责，1938 年蒋介石要发表署名文告《告全国国民书》《告友邦人民书》，郭沫若找到傅抱石要他代笔，并限两三天内交卷；傅抱石激情澎湃，熬夜赶写，顾不得蚊虫叮咬之苦，如期交稿，随后在《中央日报》发表。文告写得铿锵有力，掷地有声，词严意切，其中有几句，“地无分南北东西，人无分男女老幼，一致团结起来抗战……”曾广为流传。“文革”中，造反派在南京浮桥张贴过一张大字报，将傅抱石为蒋介石草檄原稿公布出来，笔画清晰工整，一看便知是傅抱石的手迹，上面还清晰可见郭沫若改动的两三个字。

稍有空暇，或工作之余，傅抱石还为刊物、报纸雕刻印章，刻了大量词句寄情明志：“茫茫烟草中原土”“无限江山”，寄托对灾难深重的祖国的无限热爱；在“古道照颜色”的印侧，刻下文天祥《正气歌》诗，讴歌坚贞的民族节操和崇高的浩然正气；在“空悲切”的印侧，刻下岳飞的《满江红》词，表达了还我河山、重整乾坤的坚定信念；还满怀激情地刻下了“上马杀贼”一印，抒发出报效祖国的一腔豪情壮志。他用手中的笔积极投入抗日的文化宣传活动中，写作并发表了《从中国美术的精神上来看抗战必胜》，出版《明末民族艺人传》，“深感诸名贤伟大之民族精神，实为我国数千年来所赖以维系之元素”。日本为配合对中国的军事侵略，在文化上有意识诋毁、摧残中国文化。1939 年《改造》6 月号发表了横山大观的《日本美术的精神》，这篇旨在掠夺中国绘画的理论，在日本国内国外产生了重大影响。傅抱石针对这一状况，在重庆版《时事新报》副

*

印“茫茫烟草中原土”

*

印“上马杀贼”

*

印“无限江山”

*

印“以此克敌何敌不摧”

*

印“古道照颜色”

刊上发表了针锋相对的战斗檄文《从中国美术精神上来看抗战必胜》：“中国美术的制作，是根于作者人格的镕铸，所以‘雄浑’‘朴茂’，处处保持着一种凛然不可侵犯的态度。……再看日本美术、建筑、工艺，只是‘小巧’，写字则酷喜‘枯瘦’，绘画呢？‘板刻’‘破碎’而已。老实说，日本这次发动侵略的战争，就是把这幅

*

文天祥

最伟大最紧张最积极的中国画看走了眼！弄得深入泥沼不能自拔。”

他的绘画创作也注入了强烈的民族感情，使之成为抗日文化的一部分，创作了一系列关于屈原及其作品的水墨画，如《湘君》《国殇》《屈原》《文天祥》《苏武牧羊》等，鲜明地表达了他的爱憎，激励前方爱国将士的热忱和战斗意志，和他对高风亮节、忠贞不屈的民族英雄的歌颂礼赞。

三厅不久从武汉南撤后，他与同事们一起经长沙、湘潭、衡阳到桂林，与家人团聚，并辗转抵达四川綦江（今属重庆），在綦江小住了一段时间，傅抱石有两个儿子，长子小石生于1932年，次子二石生于1936年，在湖南东安出生的大女儿却在此不幸夭折，夫妻俩仰天长

*
苏武牧羊

叹，草草埋葬了女儿，再由綦江出发，于1939年4月颠簸到达山城重庆，时年35岁。

日寇飞机狂轰滥炸这座川东山城，到处是颓墙残壁。为便于工作和解决人员过于集中的问题，撤至重庆的军政委员会政治部全体人员分驻城乡两地，傅抱石和三厅的一些画家、作家，如李可染、司徒乔等，驻在重庆西郊歌乐山附近的赖家桥，三厅厅长郭沫若来往于城乡二地。郭沫若在赖家桥的住地叫“全家院子”，傅抱石一家就住在距赖家桥约一二里远的金刚坡下的农舍里，傅抱石自号为“金刚坡下山斋”。

第八章

金刚坡下山斋

从1939年4月，傅抱石率全家老小共五人寓居歌乐山金刚坡下，直到1946年10月离开，在此度过了漫漫八年时间。傅抱石自称为“金刚坡下山斋”的农舍，是租用的一个岑姓地主的房子，其实是一个小院落的门房，原是房东堆放杂物的地方。为了生活、工作方便，中间“用稀疏竹篱隔作两间，每间不过方丈大，高约丈三四尺”，屋檐低矮，光线极差，靠几块亮瓦透点微弱的光线进来，屋内只有一张桌子，靠着门口摆放，既当饭桌，又当画桌，生活和著述及绘画的环境极为简陋、局促。

*

金刚坡下山斋 1

*
金刚坡下山斋 2

三厅迁到重庆一年多，由于形势的变化，对外宣传工作基本上已经停顿。不久，国民党政府要求三厅成员集体加入国民党，遭到大多数三厅人员的强烈反对和抵制。以郭沫若为首，三厅成员集体辞职，傅抱石遂同郭沫若等一同退出三厅。1940 年 8 月，傅抱石正式在中央大学教书，翌年，经教育部审定，晋升为正教授。金刚坡距沙坪坝有三十里路，他每周数次往返其间，并不觉得辛苦，余时把精力放在美术史研究和绘画上。

1943 年，国内最高艺术学府——国立艺术专科学校也迁到了重庆，坐落在嘉陵江东岸的黑院墙。校长为陈之佛，傅抱石被聘请为该校中国画科主任，教授书画和美术史论，秦宣夫任西画科主任。每次到校，他从重庆金刚坡跋涉两个钟头到沙坪坝陈之佛家落脚，然后再步行到磁器口，乘小木船渡过嘉陵江，然后再步行半小时方可到校。傅抱石还被邀请协助校长工作，担任校长秘书。其时正是办校的困难时期，校长秘书，其实是总管校务，为学校的生存、发展竭尽心智。

国立艺专的任职与在中央大学的任职不同，说明傅抱石在教授美术史和美术理论外，还能教授国画的能力得到了社会的关注和认可。

此时的傅抱石，据 1942 年与他同在国立艺专共事的杨建侯先生回忆："傅先生是一位生活简朴，性格开朗，深知卓识而富有感情的人。他身穿青布长衫，脚穿圆口玄色布鞋，白布袜，手里常带着一把老式的纸伞，像四川老乡，平易可亲。他的家住在离沙坪坝三四十里之远的金刚坡，可他每次上课，总是翻山越岭，循着小径徒步到校，从来不坐公共汽车。这样的忍苦耐劳，是他在长期生活的磨炼中所养成的习惯，也是他还没有摆脱穷困现状的缘故。”他的国立艺专的学生郝石林也回忆道：“傅师中长身材，面白皙，经常穿一身半旧洗褪色的蓝布长衫，右边口袋里，总装着香烟和火柴，显出一副不修边幅落拓不羁的潇洒学者风度。他不但是著名的书画家，而且文章也写得好，有才华，故讲课很受学生欢迎。”

就是在金刚坡这么一个小小的不起眼的地方，青年傅抱石在这里接待了他的许多朋友和到访的外国客人，有廖季登、贺仲烈、周泰京等，更多的是后来在文化史上有建树的人，他们当中有郭沫若、司徒乔、李可染、沈尹默、汪旭初、高龙生、张安治、郑振铎、宗白华、赵清阁、老舍、罗髫渔、陈之佛等人，并曾借用房东的堂屋接待过英国、法国等几位驻华外交官“洋客人”……

1944 年 11 月 16 日，从延安飞抵重庆的周恩来，来到郊外的赖家桥文化工作委员会的乡间会址，为郭沫若庆祝 53 岁的生日，同时看望在乡下的文化界的朋友。为了欢迎周恩来的到来，傅抱石和李可染等人将近年的新作布置成一个小型画展，请他欣赏。周恩来特别欣赏傅抱石的《湘夫人》和《夏山图》两幅画，从不轻易向人求画的周公开口请画的同时，亦商请郭沫若能为之题诗。

《湘夫人》是傅抱石于癸未（1943 年）11 月 21 日所作，其形象源于屈原《九歌》。当时日寇正在湖南的沅江澧水之间肆虐，湘江洞庭以及先生故里江西已陷入敌人魔掌，引起他和夫人对侵略者的痛恨及爱国思乡的强烈感情。傅抱石在画作的下方，抄录了《九歌·湘夫人》全文：“帝子降兮北渚，目眇眇兮愁予。袅袅兮秋风，洞庭波兮木叶下……”并附有长跋：“屈原九歌为自古画家所乐写，龙眠李伯时，子昂赵孟頫，其妙迹足光辉天壤间。予久欲从事，愧未能也。今日小女益珊四周生日，忽与内人时慧出楚辞读之，袅袅兮秋风，洞庭波兮木叶下，不禁彼此无言。盖此时强敌正张焰于沅澧之间，因相量写此……”画中湘夫人立于瑟瑟秋风和萧萧落木之中，目光凄美，欲行又止，仿佛不忍远离，形貌相当传神，傅抱石用游丝描表现衣纹，形态高洁，具有极强的艺术感染力。

几天后，郭沫若在《湘夫人》的左侧空白处题写了二首七绝并跋文：

> 沅湘今日蕙兰焚，别有奇忧罹此君。独立怆然谁可语，梧桐秋叶落纷纷。
>
> 夫人矢志离湘水，叱咤风雷感屈平。莫道婵娟空太息，献身慷慨赴幽并。
>
> 恩来兄以十一月十日由延安飞渝。十六日适为余五十三初度之辰，友好多来乡小集。抱石可染诸兄出展其近制，恩来兄征得湘夫人图，将携回陕北。余思湘境已沦陷，湘夫人自必能参加游击战为庆幸矣。三十三年十一月二十日。

另一幅《夏山图》完成于癸未（1943年）立夏后二日，画面重峦迭嶂，树木苍翠华滋，远山白云缭绕，气

*

湘夫人（首幅）

夏山图

势磅礴，郭沫若在画作的右上方题了一首七绝：

万山磅礴绿荫浓，岚色苍茫变化中。待到秋高天气爽，行看霜叶满天红。

这两幅作品，周恩来带到了延安，在烽火连天、转战陕北的艰苦岁月中，周恩来也始终没有委屈它们，并一直带进北京城，直到他1976年逝世后，这两幅画成为中南海的藏品，后转交故宫博物院收藏。

周恩来在画上读懂了傅抱石：一位忠贞爱国的知识分子，并有着杰出的绘画才能的艺术家。这是日后他与陈毅提名傅抱石为人民大会堂创作《江山如此多娇》的一个内因！

在那个“国破山河在”的艰难岁月里，面对混沌世事，作为一个爱憎分明的知识分子，傅抱石把他的忧怀和苦闷，通过画笔加以宣泄，以寄托他的情操和胸怀，他在艺术世界驰骋遨游，无论作画还是写作，他都别无旁骛，其撰著的《明末英雄传》《明末四奇僧》等，精神指向十分清楚；绘画作品也更多的是屈原《九歌》中的人物，在这些笔下人物的身上寄托着热烈的情感。

30多岁的傅抱石是个有强烈正义感的爱国主义艺术家，女作家赵清阁回忆当年与司徒乔夫妇做客傅家时的情景：“天还很冷，大家挤坐在一间小屋子里，谈笑通宵。一向沉默寡言的抱石，也许喝了酒的缘故，居然一反寻常，侃侃而谈，对时局大发议论，还激昂愤慨地背诵了屈原的《楚辞》中‘九歌’的诗句。我不禁惊讶地发现他非常关注政治……他说他正在酝酿，将把《九歌》的‘二湘’和‘国殇’诗意绘制成画。”“他作画除了写生，也取材古诗词；他画过唐人诗意，也画了不少《楚辞》诗意。这也反映了他当时的思想感情和胸中块垒，他是借古讽今。那年月也只能这样。”

就在这个逼仄、闭塞的乡间，又值国难当头，生活艰苦，热血之躯的傅抱石忧国忧民，为抗战做宣传，同时教书育人，并勤奋地写作、画画。他的辛劳、勤奋是常人不能想象的，夫人罗时慧曾在《傅抱石爱书如命》一文中说；“抱石一生的时间不算长，但他没有浪费一天光阴，哪怕是在抗战逃难的途中，他也能抓住空隙时间读书或写点短文，甚至躲警报时，在防空洞中的微弱灯光下，还孜孜不倦地看书。偶然有一天因故没有做他想做的事，到晚上便会感叹着说：‘今天算是白吃饭了！’他最怕过年过节日，说，这都是浪费时间的日子，尤其是春节，耽误的时间拖得长。”

勤奋是人才最基本的素质。即便是天才，如果不勤奋，只会纸上谈兵，也将一事无成。一个成功的人必定是个勤奋的人，具有超常的毅力和吃苦耐劳的作风。傅抱石正是如此，他每周要步行到中央大学去上课，回来后再从事写作、画画，写作并发表了《刻印源流》《关于印人黄牧父》，发表了他的名著《晋顾恺之画云台山记之研究》，并作《云台山记画卷》，完成了《石涛上人年谱》《中国篆刻史述略》等重要著述……

对于家庭生活，傅二石回忆：“父亲身上的压力是巨大的。不但有工作上的压力，还有生活上的压力。当时的重庆，因战乱及大量人口涌入，物资奇缺，物价飞涨。而知识分子的收入极其微薄。生活的拮据常使父母感到为难。父亲曾在作品题记中写道：‘战时一切均极激

*

金刚坡下山斋 3

荡……所居仅足蔽风雨，所衣皆丁丑之遗……真如大痴家无担石之储也。’郭沫若曾在文章中描述父亲当时的状况是‘穷，穷，第三个字还是穷’。”

著名教授胡小石也有准确评价：“忍穷饿以治艺事，用力至勤”。

傅抱石的家庭生活负担的确不轻，1938年他随三厅全体人员从武汉撤离，携夫人、岳母和两个儿子（大儿傅益钧即傅小石，生于1932年；二儿傅益钜即傅二石，生于1936年，均出生于南昌）共五口人，经岳阳、桂林、綦江辗转入蜀；入蜀途中滞留綦江期间，不足半岁的女儿三毛（乳名）不幸病死，在金刚坡时大女儿傅益珊和二女儿傅益璇相继出生，全家七口，仅靠他在中央大学和艺专教书的薪资生活，一如他自己所说，家无担石之储，其窘迫之状可想而知。傅抱石有个姐姐，还需要他不时救济，他在给买画人的信中这样说：“敬请兄于拙作画款收到时，费心为弟代汇五万元至南昌，地址如下——收款人：南昌中正路（射步亭口）张天宝斋笔墨号张季仁先生收。汇款人：（即乞兄署名）。此因弟有一孀姐（同胞只此一姐，先父母早去世也），未随入川，在赣辗转逃亡，均靠朋友代为照顾，胜利后，来南昌住，一切消耗，均须弟负担，是以不时救济……”

就是在这样的艰苦环境中，傅抱石依然矢志不渝地努力努力再努力，以超常的勤奋用功用功再用功，终于创造出了独特的绘画技巧和艺术语言，且看他的自白：

“我住在成渝古道旁，金刚坡麓的一个极小的旧院子里，原来是做门房的，用稀疏竹篱隔作两间，每间不过方丈大，高约丈三四尺。全靠几块亮瓦透点微弱的光线进来，写一封信，已够不便，哪里还能作画？不得已，只有当吃完早饭之后，把仅有的一张方木桌，抬靠大门放着，利用门外来的光作画，画后，又抬回原处吃饭，或作别的用。这样，我必须天天收拾残局两次，拾废纸、洗笔砚、扫地抹桌子都得一一办到。所以这半年来，内人和三个小孩子，都被我弄得莫可奈何，当我作画的时候，是非请她们在屋外，竹林里消磨五六小时或八九小时不可的。”

“因为每周我要步行到中大上课，来往约有六十华里，必须耽搁三天至五天，所以每月只有小半的时间可利用，就最近半年的结果统计，每月多则作画十一二幅，少则五六幅。自然，不是幅幅可以成立，有时连画几幅还可以看，有时又像遇着拦路神，无路走得通。这

*
重庆中央大学合影

苦恼，比什么还要难受。”

他作画时全神贯注，用大笔在纸上纵横驰骋，须臾便满纸烟云。由于渲染时水用得多，整个画面湿漉漉的，需要赶紧放在火盆上烤，烤到半干再放到桌上作进一步加工收拾。若在夏天，他常常是光着上身，脖子上围着一块擦汗用的发了黄的毛巾……

就在这样的环境和条件下，除了教书、著述，傅抱石的绘画进入了全新的境界，其标志性的事件就是“壬午画展”，最重要的是，他师法自然，领悟并创造了独特的山水笔法和人物画技法，创造了被后世称为山水新技法的“抱石皴”，确立了他开宗立派的大家地位。

壬午重庆画展

傅抱石在中央大学艺术系开设了两门课程：中国画史画论和书法篆刻。因为他的美术史论的著述很多，许多人包括他的学生知道他是位留学东洋、饱学的教授，并不知道他还会画画，更不知道他曾在东京和南昌办过画展，加之他本人也相对低调，因此他的画家身份就为史论家的形象所掩，外界对他的认同更多的是教授而不是画家。

为此，常任侠和其他一些朋友建议他在重庆搞一次画展，于是就有了 1942 年 10 月在重庆夫子池励志社举办的个人画展，名为“傅抱石教授国画展览会”，由中国文艺社和中华全国美术会主办，展期三天。1942 年为农历壬午年，所以称之为“壬午画展”。

画展展出了傅抱石的作品100件，是从140余幅中选出的，大部分是在金刚坡下抱石山斋所画，小部分是他抗战以后逗留江西新喻故里和旅居湖南东安、广西桂林时的作品，这批绘画中有代表他一生重要作品的《大涤草堂图》《巴山夜雨》《风雨归舟》《云台山图卷》《观瀑图》《石涛上人像》《屈原像》《访石图》《赤壁舟游》《东山逸致》《兰亭图》《洗手图》《觅句图》《醉僧图》《石公种松图》《过石涛上人故居》《四百峰中箬笠翁》《对牛弹琴图》《望匡庐》《洗桐图》《洗马图》《陶渊明像》等。这是他第三次“个人画展”，除了在日本开过第一次“个展”外，1936年7月在江西南昌还举办过一次“个展”。

对于这次“壬午画展”，傅抱石自己有篇长文《壬午重庆画展自述》，事先在《时政新报》上连载，并坦言：“拙作中，有一幅是民国二十五年在南京临的夏圭的作品，全部临的，只有这一幅。《风雨归舟》是大部分临元人的作品（无名氏）。此外部分地采取前人作品的结构或笔意的，有《观瀑图》，这幅是脱胎张瑞图的作品。《精庐中有诵经人》是出自梅瞿山的作品。《设色山水》是出自邵僧弥的作品；《庐山谣》的太白像，是出自梁楷。凡这类拙作，我都尽可能详细地在画面注明，以示不敢掠美。”但更为重要的是，作为对画“还是一个正在虔诚探求的人”，他对绘画的理解，有他诗人气质的真性情的流露和独特的美学认识：

> 中国画需要“变”毫无疑问，但问题端在如何变……画是不能不变的……

*

石涛上人像

中国画需要快快地输入温暖，使僵硬的东西先渐渐恢复它的知觉，再图变更它的一切。换句话说，中国画必须先使它“动”，能“动”才会有办法。

中国画学上最高的原则本以“气韵生动”为第一，因为“动”，所以才有价值，才是一件美术品。

一种艺术的真正要素乃在于有生命，且丰富其生命。有了生命，时间空间都不能限制它。

我认为一幅画应该像一首诗，一阕歌，或一篇美的散文。因此，写一幅画就应该像作一首诗、唱一阕歌，或做一篇散文。王摩诘的“画中有诗”，已充分显示这无声诗的真相，而读倪云林、吴仲圭、八大、石涛的遗作，更不啻是山隈深处寒夜传来的人间可哀之曲……

有了这样高层次的艺术追求，和独特的笔墨表达手段，画展的整体作品就显示出了不同凡响的艺术效果，从其日后的创作实践考察，可以认定他的绘画风貌和作画时的精神状态是在重庆金刚坡期间形成的，与日本东京画展不可同日而语。

画展在重庆各界引起了强烈反响，可谓不鸣则已，一鸣惊人！重庆《时事新报》辟出“傅抱石教授画展特辑”，陆续刊载了常任侠、吕斯白、陈晓楠、陈立夫和美国的艾惟廉博士的诗文多篇，《中央日报》也刊载了徐悲鸿和张安治等人的文章，常书鸿如此说：“我喜欢抱石的水墨山水，正如一位久居中国的法国大使馆的参赞爱里舍夫同我谈到傅抱石的画时，总是肯定地赞赏他说

‘他的水墨山水，天衣无缝，真是比法国的印象派还要印象派。’……抱石结合中西艺术理论而演变出来的风格，使他的杰作达到现代中国绘画无上的成就！永垂不朽的创造！”

徐悲鸿对傅抱石的绘画有种意想不到的惊喜：

抱石先生潜心于艺，尤邃于金石之学。于绘事在轻重之际（古人气韵之气）有微解，故能豪放不羁。石涛既启示画家之独创精神，抱石更能以近代画上应用大块体积分配画面。于是三百年来，谨小慎微之山水突现其侏儒之态，而不能僭位于庙堂。此诚金圣叹所举不亦快哉之一也。抱石年富力强倘更致力于人物、鸟兽、花卉，备尽造化之奇，充其数，未可量也。大千、君璧之外又现一巨星，非盛事将至之徵乎？

张安治有长文《中国自然主义的宠儿》：

抱石的画每一幅都充溢着蓬勃的情绪。他所表现虽不一定是现实的真，却是情感的真。他深切爱自然，他就画山水来表现自然，他倾心于古典的流风余韵，他就画古典的人物。……他的画把气韵生动的效果发挥尽致……抱石的画或静如处女，或动如脱兔，或泼墨淋漓，或轻去淡隐，或放肆离奇，或精严毫发。变化无方是他的智慧，得心应手是他的修养。……具有解衣磅礴精神焉得无气，具有含蓄温文的美德焉得无韵，具有风云变幻之奇焉得不生动。

画展所展作品大部分售出，他的儿子傅二石追忆此事：“父亲画作新鲜而独特的绘画风格，广阔而充满历史感的题材，大块文章的现代审美情趣，潇洒飘逸的人物线条，与前人迥异的树石皴法，引起了观众的极大兴趣……更多的人（如郭沫若、徐悲鸿、常任侠、张安治、陈晓南等）则热情地赞扬父亲的画展取得巨大成功，欢呼‘中国画坛出现了又一颗巨星’！”

从展览的效果看，傅抱石是实践了自己的主张的，并取得了成功。更为重要的是，壬午画展的成功举办，标志着：

1. 傅抱石的主要精力已由美术史理论家转移到绘画创作中来，这是他人生的一个重要的转折点。创作于1941年的《画云台山记图卷》（28.4 × 163.9 cm）就是其标志性的作品，是傅抱石把美术史的研究成果和绘画艺术结合的产物，也是他的得意之作之一。他曾说过：“我对于中国画史上的两个时期最感兴趣，一是东晋六朝（第四世纪—第六世纪），一是明清之际（第十七、八世纪）。前者是从研究顾恺之出发……”他对顾恺之作过深入的研究，有《论顾恺之至荆浩之山水画史问题》一文，说明他对顾恺之研究的造诣。顾恺之的《画云台山记》经过先生的校点、辩证，成为顾恺之研究的重要文献，可惜的是顾恺之所绘《云台山图卷》没有留传下来，让人无法一睹堂奥。于是他根据《画云台山记图

*

云台山记图卷

卷》的文字，用自己的理解画了这幅作品，为了接近顾恺之的笔意，“东晋顾恺之画《云台山图卷》有极其精美的布置”，傅抱石的再现努力自然以传统笔墨为主，图中树林、山寺、泉水、溪流均可见浓厚的古典风格，但在峰峦、烟云的描绘上又流露出自己独特的笔墨，可以视作“抱石皴”出现的前奏曲，也只有精通美术史而又是山水画高手，才能有的杰作。

2. 在主要从事山水画创作的同时，也开始了他的别具风格的人物画创作。

3. 其山水画和人物画的整体风格与先前有了完全不

同的面貌，一如郭沫若在傅抱石的山水画中所说：

> 天下山水在蜀中，渔洋此语非托空。抱石入蜀画风改，青城峨眉到笔峰。师法自然创奇格，好在新旧能兼融……

“壬午画展”后，傅抱石于1943年、1944年连续在重庆、成都举行过画展，1944年秋还同郭沫若在昆明举办了“书法绘画联展”。

1946年初，原四川省教育厅厅长郭有守被国民党政府任命为中国驻法国大使馆文化参赞，赴任前他与傅抱石商量，拟携傅抱石的若干作品赴法在那里办展览，进行中法文化交流，销售后还可以接济家用。于是傅抱石将他在1943年至1946年创作的60幅作品交郭有守先生带到法国，并在法国巴黎东方艺术博物馆举行了傅抱石画展。这是画家本人没有出席的一次画展，也是傅抱石作品在国外开的第二次画展。

往往醉后

从某种意义上说，傅抱石的性格属于传统型的中国文人气质，才气十足又个性张扬，率情率性，深受中国传统文化的影响。

他多才多艺，除了绘事、写作，还会唱京戏、拉二胡，乐感极好，而且胡琴拉得还相当有水平。他有两把琴，一把京胡，一把二胡，是始终跟着他的，即便在逃难途中，也随身携带。1938年避难回老家，一度住在罗坊镇，镇上有两个京剧班子，他就在那儿拉过京胡，至今有人记得此事。拉琴唱戏，是傅抱石从小就有的爱好，年轻时在南昌还登台表演过。

在重庆金刚坡，当有朋友来时，大家聚在一起，唱的唱，拉的拉，也是非常热闹的，与平素严肃、文静的性格相反，拉琴时他显出开朗、活泼的一面，常任侠日记中就有记录：“张西曼邀晚餐，夜傅抱石操琴唱戏，十时始寝，夜气正寒。”

赵清阁在文章中也有类似记载：“抱石好酒，酒后显得活泼豪迈，还醺醺然地拉胡琴，让大家清唱京戏以尽余兴。”

董庆生怀念老师傅抱石时说：“平时我喜唱京剧，一天晚上，傅老师对我说：‘我来操琴，你唱一段吧。’我吃惊地问：‘您会拉胡琴？’傅老师笑起来了，他接过了吴君琪同志手中的京胡便拉起一段二黄调，我随琴唱了一段老旦戏。傅老师的京胡拉得实在高明，有板有眼，刚柔相济，抑扬顿挫，如珠落玉盘。我真想不到傅老师不但是全国知名的大画家，而且胡琴居然也拉得如此之好。”

傅抱石在作画时，画到得意处，也常常会哼上几句“梅花三弄”“昭君出塞”等当时在南昌流行的曲调。亚明先生在《艺薄云天》的文章中，有这样的记述：“六十年代首，江苏省委宣传部领导同志，亲临画院，恳切希望诸老画师，行万里路，壮游一回，到全国各地走一走，看一看，开阔胸襟，增长见识。诸老闻之乐乐，抱石先生当场即兴，唱皮黄一段，操琴者，宣传部长也。”

他是性情中人，是豁达诚恳的谦谦君子。

他怕水，据与他一同执教过的秦宣夫回忆，1943 年傅抱石在嘉陵江东岸的国立艺专任中国画科主任，每次过江，总是神态不自然，十分紧张。他夫子自道，说自己是“陆军”，步行、乘车都没有问题，不是“海军”，怕水，更怕坐船。其实他的这个说法也不十分准确。他的夫人罗时慧说生活中的傅抱石其实胆子并不大，他与女儿出门坐三轮车，路上一见有车过来，他就喊车夫“慢点，慢点”“靠边，靠边”，逢过马路，便指挥“停车”“向右”，特别局促不安，比交通警察还忙……

傅抱石的生活习惯和性格，他的女儿傅益瑶为父亲总结了两大特征，就是两个“三点水”：酒和汗。

傅抱石年幼家贫，身体的底子打得不好，体虚，成年后拼命学习、工作，透支了身体，稍有动作便大汗淋

*
丁聪绘傅抱石像

滴，夏天在画室作画，他穿件中式白色短褂，汗湿了贴在身上，肩上则搭一条干毛巾随时擦汗，他作画运笔速度极快，常常画得满头大汗，额头上的汗水不断地淌下来，身上的汗也是顺着往下流。他的二女儿傅益璇回忆说，母亲常要放两条大毛巾垫在他手臂下接汗，并且要时常更换，不然毛巾很快就会被汗湿透。

傅抱石的另一特征就是特别“好酒”。他的善饮，在美术界是十分有名的，关于他饮酒作画的故事是人所皆知的画坛逸事。

他的这个嗜好是在避居重庆郊外金刚坡时养成的，据傅益瑶说：“父亲原来并不喝酒，但房东家埋了很多酒坛子，常邀父亲拿个小勺，调一些酒喝，喝着喝着，父亲的酒量就越来越大了。那个房东是有一些文化的人，跟我父亲边谈话边喝酒，眼见英国大使还特意赶到金刚坡来看我父亲的画，更觉得父亲了不起……”

傅二石先生也说：“作画时便要饮酒的习惯应该是到金刚坡以后才形成的。入川之前，无论是在日本留学期间，还是回国后在中央大学任教期间，都找不到他与杜康结下不解之缘的证据，更不要说抗战以后的逃难期间，他不可能边逃难边饮酒了。”

对于自己的嗜酒，傅抱石在给朋友的信里说道：“弟原能小饮，但不经常。抗战期间，由于种种原因，遂日以杯中物自遣。有时从醒眼（早起）到闭眼（上床），不入其他一滴，而只有大曲，于是习以为常，非此不办矣。大约20年来，此病渐深，每当忙乱，兴奋、紧张……非此不可。特别执笔在手，左手握玻璃杯，右手才能落纸。前年发现高血压，去年心脏亦复不佳，各方以好无不谆谆见告，希望与此物绝缘。数年起，几次努力压缩，有时不饮白酒，有时限制饮量，总之，主观上努力不够，遂今流于形式。大示所云一切，真足供我警惕矣。现在两臂仍未痊好，心脏仍临危机，血压仍高……昔陈老莲、高凤翰、许友介……诸大师，均毁于酒，而我过去最敬佩的日本近代画家幸野梅岭、桥本关雪……也毁于酒，唐伯虎不能专美也。为酬大命，将勉强一切，压缩一番。尚望足下不时严加督察是幸。”

傅抱石不喜欢低度酒，喝的多为度数极高的老白干（高粱酒），度数越高越解馋，医生让他不要再喝白酒，说喝点啤酒可以，他说，啤酒是马尿，根本不能喝！每每买来酒，他都要倒出一些用火柴试试，看能不能点燃，看到杯中的蓝色火苗冒起，就忍不住夸赞：“好酒！”他是教书出身，口才相当不错，再加上记忆力惊人，每每引经据典，甚至倒背如流，特别是客人到访，谈锋之健令人惊叹，谈资之广使人倾倒。有时谈得兴起，便情不自禁地打开柜子，取出酒来，自斟自饮，边喝边谈。在夏天，有客人来，他给客人沏上一大杯龙井茶，自己往往以酒代茶，用大玻璃杯浮一大白，并把饮酒与画画联系起来，说：“我是不喜欢白开水的，一张画给人看后，要像酒一样的使人陶醉，而不像白开水的淡而无味。”这时候的傅抱石可谓神采飞扬，情发于中，激情四溢，让人想到六朝文士借酒清谈的风采。

傅二石说：“父亲的酒量并不特别大，一次有半斤白干下肚，就算过了酒瘾了，然后就会进入微醉状态。”

微醺后创作是他的最佳状态，乘着酒兴，将他一往无前的精神、独特的笔墨在纸上充分展现，其时也每每有佳作出现，为此他刻有三方不同字体的篆书印章，皆为朱文，一为长方二为四方，皆是四字——“往往醉后”，钤在他的得意之作上。对此，他认为：“酒后往往

*
印“往往醉后”

露出天真的本性，这时自己的感情便会如喷泉一样涌现画面。”这些钤上“往往醉后”的画作，不一定全都是在微醺之后而作，但必定是他自己认定的满意之作。因此，“往往醉后”既是他的生活状态、创作状态，更是他的审美境界。

自然也不是每次微醺后的作品都是成功的，傅抱石曾对别人说过这样的例子。有一次他一边喝酒一边作画，最后醉醺醺地睡着了。第二天醒来想起昨晚画的画却找不到了，于是大家一起彻底翻找，最后在蚊帐顶上发现了。但这幅画因渲染过度而成了废纸，是他自己把它揉成一团扔到帐子顶上去了。

也有因醉画了一半就搁笔睡觉的情况，1942 年 6 月 6 日，作《与尔倾杯酒》(即《龚半千与费密游》五律三首)，其题记为证:“壬午芒种，拟画野遗《与费密游》诗，把杯伸纸，未竟竟醉。深夜醒来，妻儿各拥衾睡熟，乃倾余茗，研墨成之。蛙声已嘶，天将晓矣！重庆西郊山斋，傅抱石记。”

傅抱石对自然风物的感觉，特别是“往往醉后”的艺术感觉十分独特。据他的家人的描绘，平常状态下，他却是个动作谨慎的人，行为举止并不粗放。但在壶中世界，面对画纸，他能把自己彻底放开，展示出他艺术才华上酣畅淋漓的一面来。

酒成全了傅抱石的艺术创造，让他在艺术的天地中狂放恣肆，不能自已，袒露出独特的个性、情感、性灵。液体的火，燃烧他的才情，成就他的辉煌，但也极大地破坏了他的健康，酒不幸使他中殂，他是在上海数日不断饮酒回到南京后一觉不起的，因脑出血而不幸辞世！

傅抱石英年早逝。如果天假其年，他肯定会有更大的成就！每当我们读到他钤有“往往醉后”押印的图画，都会情不自禁地想到他一手握杯一手握管“狂飙奔突”的潇洒形象。诗仙李白有诗：“古来圣贤多寂寞，惟有饮者留其名。”傅抱石是有名的“饮者”，但更是一位被后人长久缅怀的伟大的艺术家。

除此之外，傅抱石还有一个同样有名的生活习惯，就是抽烟。傅益瑶说父亲的烟瘾之大：“新的一天开始，如果要画画，他早上起来就要喝酒，如果不画画就喝茶，写文章时就抽烟，有时候画画也抽烟。除了在照相馆照相，他的几乎所有的照片里没有一张手上是不夹着香烟的……”他对香烟的好坏有很有趣的评价：“抽‘红双喜’（较好的烟）像吃肉，抽‘农家乐’（一种低等烟）像吃草”，让人忍俊不禁。”

开宗立派——散笔乱笔的“抱石皴”

傅抱石对中国山水画发展的独创性的贡献，就是被人们称之为“抱石皴”的山水技法。

对于一个画家来说，创新意识和创新手段是至关重要的，不可想象任何一个有成就的画家，没有自己独特的风格和独到的艺术表现手段。山光水色的自然灵性于山水画家是必不可少的滋润，历代山水画家都有启发灵感的“圣地”，如范宽的终南山、太华山，黄公望的富春江，弘仁、程邃等“新安六家”的黄山等，重庆葳葳蕤蕤的金刚坡则是傅抱石开悟自然神韵的地方！

他所居住的这个地方是典型的四川山区，生活环境极差，但其附近的风景却十分优美，层层山峦围绕着疏疏落落的村落，到处是溪流、竹林和树丛，还有藏在深山里的幽静的古寺；屋后是茂林修竹，夜间则犬吠声不断。到了夏季，常常是烟雾弥漫，不辨东西，而这种混沌迷茫的景色，正是傅抱石最为欣赏的。他常常站在家门口观看四周烟云的变化，若遇山雨欲来、风起云涌之时，则会停下正在做的事，在轰鸣的雷声中奔到附近较高的地方，凝视那滚滚翻腾的乌云、时隐时现的山峰和在狂风中乱舞的树丛，直到暴雨来临，被大雨淋湿了衣裳才回到家里。他本人对此有如下描述：

> 作画的实际环境虽然如此，但若站在金刚坡山腰俯瞰，则我这间仅堪堆稻草的茅庐，倒是不可多得：左倚金刚坡，泉水自山隙奔放，当门和右边，全是修竹围着，背后稀稀的数株老松，杂以枯干。
>
> 我为了职务和家庭的拖累，最有名的青城、峨眉，还尚未游过，无法为它写照。然而以金刚坡为中心周围数十里我常跑的地方，确是好景说不尽。一草一木、一丘一壑，随处都是画人的粉本。烟笼雾锁，苍茫雄奇，这境界是沉湎于东南的人胸中所没有所不敢有的。这次我的山水的制作中，大半是先有了某一特别不能忘的自然境界（从技术上说是章法）而后演成一幅画。

……着眼于山水画的发展史，四川是最可忆念的一个地方。我没有入川以前，只有悬诸想象，现在我想说："画山水的在四川若没有感动，实在辜负了四川的山水。"

拙作的面目多，几乎没有两张以上布置相同的作品，实际这是造化给我的恩惠。并且，附带的使我为适应画面的某种需要而不得不修改变更一贯的习惯和技法，如画树，染山，皴石之类。

1937 年抗战前，我的生活面比较窄，只在南京、上海、南昌、杭州等地活动。抗战以后，到了湖南、广西桂林等地，尤其是到四川，中国西南部山水特别好，是诗人、画家最喜欢描写的对象。一旦到达四川，感受大变。

对此，他后来总结说："1937—1945 年期间，四川对我的绘画发展影响很大。"

受到巴山蜀水这一特定自然环境的陶冶，傅抱石对苍茫滋润、变化多端的山水有了深刻的感受，产生了强烈的爱。他要把自己对自然的感悟，升华为艺术的追求和精神畅快淋漓的表达，但是用传统山水画以线勾勒加皴的技法，如"折带""披麻""卷云""解索"等等，是很难表现金刚坡一带满布植被的优美景致的，特别是繁茂山峦真实的光、色、影，用传统之线、皴更难胜任。要真正地做到接近自然，那么变更传统的线、皴、点之类陈旧程式是势在必行的。

"搜尽奇峰打草稿"，能否怀抱巴山蜀水自成一家，不仅仅在于脑海中有“其命惟新”的意识，还在于表现手段能否准确反映这种意识，而且也独特。湿润，烟雾迷茫，非“线”能够胜任，古人只有中锋和侧锋两种笔法，变化是有限的，侧锋作皴且易凝滞……意境创造笔墨，一切技法又都服从于意境，为了使自己笔下的自然生动活泛起来，在不断的艺术实践中，他利用贵州皮纸粗糙的特点，用硬毫逆锋运笔，笔墨齐下，把线扩展成面，主要用笔为“散锋乱笔皴点”，把笔锋散开，实际上等于无数中锋。破笔散锋往上提的时候是无数中锋，往下压的时候便是无数中锋与侧锋兼而有之，既能显示山岳的整体结构，又能充分表现植被覆盖以及烟云笼罩的真实景象，有些墨点是皴点后加上去的，可以很生动地表现四川山岳那种半土半石的峰峦，在繁茂的树木中又见裸露的山象……

“抱石皴”与“破笔点”结合使用，取得相得益彰的艺术效果，这是中国山水画技法中的一种全新创造，用他本人后来的话说，就是：

> 我作画所用的皴法是多年在四川山岳写生过程中逐渐形成的。我着重表现山岳的变化多姿，林木繁茂而又可见山骨嶙峋的地质特征……注意山石的自然情趣和笔墨效果。

他的学生则有稍为具体的描述：“他在用大斗笔画泼墨时，常常一口气画下去，直到墨枯锋散，却不再蘸墨和水，使纸上的效果，由水分极大的泼墨，渐渐转向散

*
散锋作画

锋乱皴渴墨，这种只从真山石感受效果出发的皴法，就是傅先生独创的……”

傅抱石以其独特的观念和笔墨，为中国画开辟出了一个全新的境界，基于傅抱石的这一对民族艺术的贡献，国画界以他的名字为此新技法命名为“抱石皴”。

对于“抱石皴”，从技法上说，它是融“斧劈”“卷云”“乱柴”“荷叶”等传统皴法于一炉，把变化万端的笔法统一在独特的风格之中，散锋乱笔皴点，可以根据不同的描绘对象而随心所欲地运用的一种描绘山水的技法。稍稍具体一点说，则是在运笔时将笔锋揿倒，笔腹乃至笔根触纸，再略略捻转笔杆，让笔毫自然散开，一锋分为数锋，一笔下去，随势铺陈，顺逆驾驭，则轻重、疾徐、转折、顿挫、浓淡、枯湿诸法皆备。散锋乱笔皴点的最大特点，也是最大的优点，在于它的灵活生动，天放自然，不像中锋和侧锋那样一笔笔地勾勒斫擦，始终笔痕清晰，笔笔送到，而是数簇笔毫自由飞动，随势生发，不断出现飞白，长线短线互见，清晰飞白间杂，时有时无，若隐若现，洒洒落落，自自然然，看似随意，却极谨严。长线短线左右斜劈而下，凌厉爽动，刻画山势的峻险嵯峨，似出自传统的斧劈皴、荷叶皴和乱柴皴；将笔揿倒，捻动笔杆，笔锋散开，在纸上蜿蜒逶迤，拧旋走转，左右奔突，上下腾踔，短线长线交叠用以表现群山的奇诡耸峙，又源于披麻、解索等传统皴法；轻提笔锋，用圆转缠绕，近于画圈圈的行笔，如霞舒云卷、螭走龙盘，描绘山峦的回环之势，则又脱胎于传统的卷云皴；在山腰或山脚的草木丰茂处，或重按疾擦，或微提轻扫，以密取胜，不厌繁缛，极有蓊郁葱茏之趣，大有乱麻皴、破网皴和牛毛皴之法；等等。

这是中国山水画技法中的一种全新创造。有人这样形容：“一大片一大片的水墨，简直是西洋印象派以后的作风；画山石的皴法亦前无古人。随意纵横，信笔点染，确已做到物我两忘，离形去智的超然境地。”

独特的“抱石皴”使傅抱石的山水画别具一格，为人们提供了全新的审美感受和经验，因此，受到越来越多的人们喜爱。

*

抱石皴——水阁

傅抱石的儿子小石和二石，详述父亲的作画情境，为我们生动地描述了这种技法："时而使笔锋散开，时而又使它收拢；时而卧笔擦出大片的墨迹，时而提笔勾出挺拔的线条。墨笔的干湿浓淡，用笔的轻重缓急，线条的粗细刚柔，物体的虚实隐现，这一切都在那一支毛笔之下魔术般地出现。"

傅抱石的女儿傅益瑶深得父亲绘画用笔的精髓，她说：

"父亲的皴法好似乱麻皴，又不是完全意义上的乱麻皴，更不是表现古老山峦的云头皴和表现火成岩山岳的斧劈皴（包括大斧劈、小斧劈、长斧劈皴），这些皴法都有相对固定的表现手法，每一笔都看得见，而"抱石皴"没有可以用一两句话解释得清的定义，哪一笔都看不见，但毫无例外地有一个共同的特征，就是每根线条都是中锋用笔。父亲在不断的艺术实践中逐渐形成了笔墨齐下、挥洒自如、变化多姿、别开生面的皴法，打破一般先钩后皴，皴后擦，擦后染的陈规，既对山石富有表现力，又可充分发挥传统笔墨之所长，形成了雄浑、厚重、泼辣、豪放的风格，大至挺秀山峦，小至树叶、泉石，无不如此。在《满身苍翠惊高风》中，我最佩服的就是那些树叶，每片树叶都由勾皴点染而成，而且都是一笔下来的，充满了旺盛的生命力，融注了画家的激情，把被雨水打弯下去，又顽强地弹起身来的树叶的最有能量的那一瞬间定格在那里。画中雨后的润气，不光在云气、水汽里，在树叶上也同样洋溢着，山峦石块亦莫不如此。父亲画它们，随心所欲，但无不具有雨后勃勃的生机，这同样应归功于他的‘抱石皴’。我对父亲的用笔印象深刻，他画画时的笔是散开的，散成好几叉，但不管怎么动，每一根线条下来都是中锋用笔，用放大镜看，笔笔圆润，力透纸背，这是父亲中锋用笔最重要的特征，有人形容为‘散锋乱笔皴点’”。

傅抱石在中国画技法上的革新努力是多方面的。在“抱石皴”问世同时，他在绘画实践上，还有影响深远的绝招技法，他说过戏曲表演艺术家有绝招，画家也应有绝招，其绝招之一就是在画雨、浪、水口方面有所突破，一改古人线描线勾为皴擦，大大增强了水的质感和动势，丰富了水的表现力。

川东多雾，天气变化大，金刚坡下时晴时雨，雾重多湿，常常豪雨如注，四周混沌一片，刹那间又雨过天晴；阴雨兼旬时湿重难挨，阳光明媚时则云缠山腰，野花烂漫，分外妖娆。面对山川好景，傅抱石为之陶醉，绘画激情难遏，特别是对雨景有更多的笔墨表现，有人形容其作品“一半山川带雨痕”。为了更好更形象准确地表现雨景，他在实践中摸索出颇为别致的画雨技法，“墨扫”和“矾扫”两种方法，用饱蘸墨水或矾水的笔或刷子，对着纸猛烈地挥洒，有时只用毛笔或排笔蘸淡色在画面上刷，认定方向，以速度和力量去表现雨景，笔飞墨舞，雄肆奔放，画面上充溢着水分和湿度，使人身临其境。在这种绘画实践中有了独特的笔墨，从而形成自己的风格。纵观千年中国画，可以说傅抱石的雨景作品是传世佳构，这一点绝非虚言，傅抱石画雨，特别注

*

抱石皴——满身苍翠惊高风

重风雨中的自然氛围，对于不同的雨景雨势，其笔墨多有不同。用墨笔斜刷画面，顺着一个方向，用不同的浓淡、不同的宽窄、不同的力度，刷扫出雨线雨势，用散锋大笔，斜下扫出雨丝，苍苍茫茫，浑浑蒙蒙，飘洒逸宕，氤氲和融；画微雨，干笔淡墨轻扫；写暴雨，湿笔饱墨迅挥，风狂雨骤，雨丝倾斜度大，让人能够真切地感觉风声、雨声、雷声相滂沱的大雨声；风柔雨细，雨脚近于垂直；朝雨蒙蒙，日雨明净，暮雨蒙昽，夜雨昏墨，各呈风采……

他画“水口”也非同一般。所谓“水口”，系指山水画中由山间倾泻而下的瀑布或泉水的源头，这是山水画中最难捉摸的大自然神韵。元人黄子久说：“山水中唯水口最难画”，明唐志契也说：“水口之难，难在峡中流出，有璇环直接之势，点滴俱动，乃为活水。盖水口比石不同，不得太硬，不得太软，又不得太枯。软则无势，硬则板刻，枯则干燥，故皆所忌。”傅抱石画水口，散墨皴擦，夹水弄墨，水墨交融，把瀑布、水流柔中带刚奔放含蓄的万千姿态，透过石块、山势的布局衬托出来，丰富了水的韵律与动感，画面洒脱滋润，幽曲灵动。为此大家称之为“傅氏水口”。

在一系列与雨与水相关的作品中，这些“绝招”发挥得淋漓尽致。风声、雨声，动人心弦；泉声、瀑声，震撼山河，使人如临其境，如闻其声！“观瀑图”和“幽对鸣泉图”是最佳画例，画面上瀑布层层叠叠而下，水流在浓墨渲染的山岩间显示出奔泻的白色光亮，真实自然，动人心魄。

如此“绝招”使他的山水画至此有了与往昔不同的面貌，也是区别于前人的特征，这些特点在他的其他雨景作品中也特别鲜明——

《风雨归舟》《巴山夜雨》《潇潇暮雨》《万竿烟雨》等都是精品名作，还有《千峰送雨》《风雨客至图》《山雨图》等，即便到中晚年他依然对雨景的描绘有很高的兴趣，作于1953年的大幅雨景《江南春雨》，作于20世纪60年代初的《烟雨嘉陵江》和作于1963年的《春雨西湖》，都是其雨景作品中的上佳之品。

《潇潇暮雨》中艰难行走的红衣小人、《万竿烟雨》中右下方在板桥上顶雨弓身而行的归人，……诸如此类的这种动与静的安排十分妥帖，绘画的整体面貌也就非常和谐和大气，这种经营手段他在《壬午重庆画展自序》夫子自道：

> 我画山水，是充分利用两种不同的笔墨的对比极力使画面动起来的。云峰树石，若想纵恣苍莽，那么人物屋宇，就必定精细整饬。

与这种绘画布局和新技法相辅相成的，是他作画时的精神状态，画作上的磅礴之气，让人体察到画家的专心和用心、用力。浩荡奔驰的情绪，灵动飞舞的构想，使他全神贯注，全身心地投入，有种不可抑制、一往无前的状态，就像杰出的演艺家在演出时完全进入角色一样，无我无他，激情澎湃。有时画得满头大汗，便搭上一条干毛巾在肩上随时擦汗。舔笔时就在袖口上进行，

*
千峰送雨

*

不辨泉声抑雨声

*

巴山夜雨图

弄得袖子上墨迹斑斑，有时来不及便干脆用嘴吮，常常弄得满嘴是墨也顾不得，和他平时的举止斯文形成鲜明的对照。用他自己的话说，就是“当含毫命素水墨淋漓的一刹那，什么是笔，什么是纸，乃至一切都会辨不清”。整个创作过程中只想到怎样充分而又强烈地表达自己的感情，决不再去考虑用什么笔法什么皴法，也从不在作画过程中犹豫不决，往往就像狂风一样不可遏止，直到画出他预想的大体效果，才会将画钉在墙上，坐下来再细细揣摩。

黄苗子先生记有一段时慧夫人回忆抱石先生作画时的文字：“他习惯于将纸摊开，用手摩挲纸面，摸着，抽着烟，眼睛看着空白画纸。好像纸面上有什么东西被他发现出来。摩挲了半天，烟一根接一根地抽，忽然把大半截烟头丢去，拿起笔来往砚台里浓浓地蘸着墨就往纸上扫刷，他东一下西一下地刷得纸上墨痕狼藉，使旁观者为之担心纳闷，可是他胸有成竹地涂抹着，涂到一定程度，就把它挂到墙上，再坐下来抽烟，但仍然目不转睛地全神注视着墙上的画，然后取下来放在画案上渲染层次，添补笔墨。画中的山川景物逐渐具体，还是反复地挂墙、卸下、细察、冥想，有时满纸淋漓，拿都拿不起来。待它稍干，然后做最后一道细致的收拾功夫。”

画出有品有格的人物

在山水画创作之余，傅抱石开始了人物画的实践，起始他是将人物点缀在山水画中的，他说过，“我为了山水上的需要，所以也偶然画画人物”，并说，“我原先不能画人物薄弱的线条，还是十年前在东京为研究中国画上‘线’的变化史时才开始短时期练习的。因为中国画的‘线’要以人物的衣纹上种类最多，自铜器之纹样，直到清代的勾勒花卉，‘速度’‘压力’‘面积’都是不同的，而且都有其特殊的背景与意义。我为研究这些事情而常画人物。其次，我认为画山水的人必须具备相当的人物技术。不然，范围必越来越小，苦痛是越过越深。”

傅抱石在创作山水画的同时开始了人物画的涉猎，是水到渠成的结果。

辗转入川的时候，傅抱石35岁，在此以前他几乎没有涉猎过人物画。把他从金刚坡开始的人物画，放到历史长河中去考察，丝毫也不逊色他的山水画在山水画史上的地位。这多少超出了画家本人的意料。

人物画和山水画构筑了傅抱石的全部绘画成就。

人物画在中国有着比山水画更为悠久的历史和传统，它以线条取胜，而线条是自然天地中最简洁的笔触。运用线条来表现人物，展现对世界的认识观念，去表达复杂的情感，从而形成艺术形式和风格，是中国人运用最简单的方式来表现复杂事物的独特本领。这是中国艺术最具神韵、最具特质的艺术形式。这种绘画风格在魏晋时期有着巨大的影响力，稍后的顾恺之等人承继了先人的笔法，在绘画题材上作了扩展，并赋予新的内容，因此我们看见了《洛神赋图卷》，有了诸如“画龙点睛”这样的种种绘画故事……

傅抱石的人物画是纯古典题材，多半是在东晋、六朝和明清两大历史时段中有趣的历史、人物故事，或景仰的历史人物，这些都是他在美术史的研究和撰写过程中萦绕心怀的历史人物，是品格高尚、忧国忧民、爱国忠贞之士，在他们身上寄寓着国破家亡的愤慨与忧思……作于1942年的《石涛上人像》，虽然这不是他的最早的人物画作品，却是他利用被描绘的对象表露心声的较早的艺术见证。这是一幅皇皇巨作，尺寸为131cm×58.3cm，画中石涛正襟端坐在巨松和梅花之中，平静从容。在长跋中，傅抱石这样评价石涛："上人性耿介，悲宗社沦亡，不肯俯仰事人，磊落抑郁，一寄之笔墨，所为诗画排奡纵恣，真气充沛，盖吾中华伟大艺人也。"字里行间袒露出他对石涛艺术的痴嗜、礼敬之情。

如果说《石涛上人像》是傅抱石为塑造心中的崇拜偶像而精心创作的，纯粹是为了表达对艺术前辈的敬仰，那么把人物画当作一个重要的创作形式，有意识地以历史人物来倾吐自己的政治抱负和审美意识则应是从《屈原行吟图》开始的：一个"被发行吟泽畔、颜色憔悴、形容枯槁"的楚大夫，一个勇于抗争强暴入侵者的英雄，一个敢于以死来维护尊严的勇者，一个热爱自己的祖国和人民的爱国者形象，与前人画家特别是清代画家陈洪绶笔下的屈原形象完全不同。

这个时候的傅抱石有着青年人的热血和激情，既对现实有着清醒的认识，又有文化人激情昂扬的胸怀抱负，对这个"举世混浊而我独清，众人皆醉而我独醒，是以见放"的士大夫有着强烈的情感共鸣，画面上笼罩着凝重、苍凉的气氛，人物情感悲壮，形象十分独特。

*
屈原

在金刚坡受郭沫若的话剧《屈原》的影响，他创作了一系列关于屈原及其作品的水墨画，如《湘君》《国殇》《屈原》《文天祥》《苏武牧羊》《满江红·岳飞》等，激励前方爱国将士的热忱和战斗意志，表达了对高风亮节、忠贞不屈的民族英雄的歌颂礼赞。《屈原》的创作对于傅抱石的人物画来说，是一个开启性的事件。屈原是中国传统知识分子挥之不去、与生俱来的人生情结，他追求真理的九死不悔的精神，为后世的知识分子所继承，一如香草、美人是屈原表达自己志向和情操的象征一样，传统文化功底深厚的傅抱石把高士和美人作为寄寓情感，表示正直、风骨、道义旨归和驰骋想象的对象。

傅抱石很少涉猎佛教题材，最能吸引他的是唐宋诗词，服膺其意境，那种令人心旷神怡的美学境界和陶冶情操的哲学意味，他对它们的喜爱和敬意不仅表现在山水画作品中，更体现在人物画《松下问童子》《琵琶行》中。

在《屈原》以后，他相继创作了一系列关于屈原《离骚》《九歌》中的人物作品，如《山鬼》《国殇》等，体现了他对祖国山河沦落、人民流离失所的无比痛心，自然还有特别引人注意的《丽人行》。《丽人行》是唐代

*
湘君

诗人杜甫的名作，诗人以辛辣的笔触，揭露和谴责了杨贵妃姐妹、兄弟出行游乐，“炙手可热势绝伦”的奢侈淫荡。

抗战时期，抱石先生在重庆南温泉，因宋氏家族出游到此，那一带全境戒严，他被阻十多个小时，目睹浩浩荡荡的官员簇拥着显赫家族的贵妇人，个个珠光宝气、盛气凌人、奢靡异常的情景，激起义愤，回到金刚坡家中即着手创作了以杜甫《丽人行》的诗句“三月三日天气新，长安水边多丽人……炙手可热势绝伦，慎莫近前丞相嗔”的长卷作品，表达了对反动统治者不顾人民死活的穷奢极欲的强烈愤慨。这幅画内在的政治性是不言而喻的，那就是在“国破山河在”民族存亡的时候，对反动的统治者不顾民困国难，“前方吃紧，后方紧吃”，寻欢作乐的斥责和抗议。

这是长达两米多的巨作，长卷中的人物及其场景都有相当生动的描绘，黑白虚实，层次分明，人物突出，共有男女人物37人，虢国、秦国夫人是平淡的面部表情，杨国忠则昂首傲慢突出其中，众多的人物缓行在长安东郊曲江、芙蓉苑内的树木花丛之中，用树木的疏密来分割构图空间，在五组人物中，有手捧酒馔的宫女，手持乐器的伶人和牵马备蹬的杂役，烘托了杨氏一家的熏天气焰。全图设色华丽多彩，前景缀以重色石青色夹叶树，树干上也点以石青苔点，是抱石先生画作中少见的，展现了傅氏创作巨型人物画的能力。

徐悲鸿为之题词：“此乃声色灵肉之大交响。抱石先生近作愈恣肆奔放，浑茫浩瀚；造景亦变化无极，人物

*
丽人行

尤文理密察，所谓炉火纯青者非耶？余前尝作画中九友诗咏之云：‘门户荆关已尽摧，风云雷雨靖尘埃。问渠那得才如许，魄力都从大胆来。’”张大千先生也有题词：“古人论山水‘旷于无天密若地’，先生以此秘入人物，开千年来未有之奇，真圣手也。勾勒衣带如唐代线刻，命老迟所作，亦当裣衽。”

中国历代人物画家在创造人物的题材选择上，如同中国的民间工艺一样，都有着相当局限的一面，在以女性为题材的作品中，仕女画的比例很大，“仕女”们其实就是画家感情的外在形式和某种笔墨趣味，作者的趣

味、审美的高下不同，笔下仕女的格调就有所不同。

傅抱石的人物画中女性形象是十分突出的，《湘君》《二湘图》《九张机》《擘阮图》和《湘君涉江图》等，都是他不止一次创作过的形象。这些作品的诞生，是从创作《屈原》一脉相承而来。《湘君》《湘夫人》是《九歌》中的人物，表现的是大舜的两个妃子——娥皇、女英，在洞庭之滨追寻大舜的人生故事。舜在苍梧死去，两位夫人不仅失去了亲人，更重要的是失去了人生的理念依托，失去了这个凭依，她们“斑竹一枝千滴泪”，伫立江边将要以身相许相随而去了。落叶缤纷，烟波浩渺，山川为之动容，她们是女儿身，但目光中流露出来的信仰却是执着、顽强的，是属于深情、委婉而又坚定不移的那种，是高尚而非高贵的那种。

正是《湘君》《湘夫人》的创作激发起抱石先生创作“美人”的情愫，她们的形象是如此令大师激动自有他的因由，在今后的创作生涯中，他不止一次地重复画过这个题材，甚至把这个形象献给了自己的夫人——罗时慧，用以表达一个丈夫对妻子的由衷敬爱之情。他让《湘夫人》的形象幻化成了《柳荫仕女图》，用这种艺术形式来激荡自己胸中的波涛，驰骋艺术想象，激起复杂而又美好的情感。从《湘夫人》到《柳荫仕女图》，它们之间的笔墨关系是显而易见的，明白无误地透露出傅抱石关于“美人”的理解，是他的美人观的一个实物佐证。他对美人的理解，就如同面对妻子罗时慧，是服膺并赞叹女人的人格魅力的，美人同样是要靠人格支撑而不是仅仅靠姿色去完美自己。他把他的美人观倾吐在笔端，笔下的美人伫立在江河湖畔和山川大地之间，姿态优雅地在水一方，微风掀动了她们的裙裾，婀娜的体态、深情的眼神、欲语还休的举止，是以内心的情感作为依托的，显现出高洁、高尚的模样。她们是清水芙蓉，有着冰清玉洁之姿，绝非雍容华贵、养尊处优之态。

人物画没有丰富、瑰丽的想象，没有激情和创造，是很难令人感动的。傅抱石的人物画中有一种如同他在山水画中所呈现出来的雄浑大气，气氛磅礴深邃，省略或淡化一切多余的笔墨，只在能够开掘人物内心世界的地方用力。他特别细心收拾的是人物的头部，尤其是眼

*

湘君涉江图

神的描写，据他的女儿的描述，他在作这类人物画最后点睛时，往往一遍又一遍地俯下身子查看，一次又一次地站起来，认真地揣摩，并且郑重其事地戴上眼镜，小心细心地落墨。他把他的爱、丰沛的情感，对于美的追求，在不同人物的不同眼神中，注入他最神奇的一笔。

如果说山水画的最高境界是“气韵生动”，那么在人物画中最高的表现形式就是“形神兼备”，这是一种美学标准也是画家人格追寻的标准。不管相貌如何，处在何种环境中，只要他的内心、精神是高洁的，他的立身处世都将是有人格魅力的。这中间相当重要的是笔墨技巧，傅抱石的人物线条有着独特的艺术价值，他在人物画上所体现出来的线条韵味，淋漓、飞动、刚硬，这与他早年书法篆刻的功力有关，比在山水画上创造出的“抱石皴”还早，具有强烈的个性色彩，着重于人物内心世界的挖掘和情感的凸现，创造性地运用浓淡、干湿、虚实、粗细、刚柔、疾徐等不同的线条手段，反映笔下人物的个性和情感表达。

传神写照“正在阿堵之中”，点睛手段也是中国画中最有艺术感染力的技法。傅抱石的人物画特别注重眼神和面部表情的描绘，我们在《湘君》《湘夫人》等作品中，可以清楚地感受到这一点，她们或凝重神秘，或幽怨哀伤，或清秀俊逸，或深情含蓄，焕发出关于“美”的精髓，同时也是不同人物对象的区别差异。注重眼神的描绘并不等于不要其他，包括形体线条和外部环境的渲染。我国的人物画在唐代有被后人高度概括的“曹衣出水，吴带当风”的形式特征，曹仲达的人物是“其

*

湘夫人

*

二湘图

体稠迭，而衣服紧窄”，吴道子则是“其势圜转，而衣服飘举”。傅抱石的美女人物，恰恰具有两者兼得的特征，这在《二湘图》中有着明显的反映，她们的上半身的衣服是非常贴身的，而下身的裙裾却临风飞扬，袅袅动人，是端庄凝重的美女形象，又有生动的、让人不能忘怀的姿态，整体画面显现出极其和谐的美的灵动的气氛，“于丝墨痕中略施薄彩，自然超出缣素”的线的变化和力量，可谓“形神兼备”。

可以说，傅抱石的美人，融汇了六朝和唐代艺术风范，形成了自己的风格。这是他在金刚坡下山斋中所达到的美学境界。他笔下的这些女子其实是女性化的“高士”，在她们身上，同样具有屈原、陶渊明、苏东坡一样的高洁情操，这种人物典型在我国传统的仕女人物中是绝无仅有的。傅抱石创造了人物画的新境界，赋予笔下的人物以全新的精神风貌，也显现了作者对于女性的认识，对女性的尊崇，从而折射出他的美人观、情爱观和美学观。

在傅抱石的人物画面前，我们不仅看到了美、淡雅和凝重，更重要的是看到了一种精神，充满了正直、良善、深情、诚挚和智慧。而这一切是他在抱石山斋中创造并完成了的，也可以说是金刚坡所赋予他的。

常任侠对于傅抱石的人物画和山水画独具慧眼，1999 年 9 月出版的《战云纪事》，是他在抗战时期的日记，记录了时代风云和当时的真实生活，内中就有许多关于傅抱石的记录。如他在 1942 年 7 月 15 日这一天就有这样的感受："下午访傅抱石，并晤陈之佛、宋步云等，观画多幅。抱石人物画，艺术独到，近作尤精彩。"其后亦有同样的称赞："上午赴江苏同乡会看傅抱石画展，在现代中国文人画中，抱石颇有独到，与张大千可称二杰。"

郭沫若评价："抱石作画另具风格，人物善能传神，山水独开生面。盖于旧法基础上摄取新法，而能脱出窠臼，体现自然。吾尝言我国画，南北有二石，北石即齐白石，南石即抱石。"

日本著名美术评论家吉村贞司认为："傅抱石作为一个画家，之所以伟大，就在于他一直在追求新的表现，就是在这种探求的过程中，创造出了'抱石皴'。……美不存在于技术中，而是存在于人的性灵和精神中。傅抱石的艺术是强调人的，他以线把宇宙的精神、自然的生命表达了出来，这是傅抱石的艺术在今天赫然存在的真正理由和意义。"

台湾著名美术评论家何怀硕在《论傅抱石》长文的最后一节有这样的表述："傅抱石身世坎坷，穷愁局促，颠沛流离，却胸怀大志，一生在艺术上的追求从不放松。而且，其人感情炽烈，爱民族、爱国家、爱历史文化、爱朋友、爱学生、爱家庭子女。这样一位多情的人，却因爱学问、爱艺术，竟长年矻矻，在中国画史、画论、书法，尤其在石涛的研究上下了大功夫。人生的考验与学问的涵养为天才之火预备了充实的燃料，抗战国难入川，蜀中的山川灵气、触发了他内心的激情，终于爆发为熊熊烈火。"这是对傅抱石青少年时代的一个最全面、准确的概述！

何怀硕对傅抱石的评价更是十分到位：“傅抱石不但是20世纪中国第一流的画家，而且是世界第一流的画家。在中国画史上，他是几百年才能一见的天才艺术家。”

抗战胜利后，国民政府从陪都迁回南京，傅抱石随中央大学于1946年10月回到南京，继续执教于中央大学，掀开了他人生的更新的篇章。

余韵

生命喝彩

1938年，对于我们这个有五千年历史的文明古国和具有灿烂文化的民族来说，正是经受外侮、全民奋起抵抗的年代。

这一年的5月，35岁的傅抱石随郭沫若领导的三厅从武汉撤出后，辗转桂林，终于到达重庆西郊歌乐山附近的赖家桥。根据安排，他把家安在距赖家桥不远的金刚坡下的一座农家小屋里。

在金刚坡，他住了整整8年，直到1946年抗战胜利后才离开。金刚坡8年的朝霞夕照，成就了他艺术的灿烂辉煌，巴山蜀水的雨露风霜、茂林修竹、小桥流水，滋育并确立了他的艺术风格，使这位江西新喻的才子具备了成为大师的全部条件。金刚坡可以说是傅抱石人生和艺术的自然物化了的丰碑。

傅抱石天才的创造力，在他所涉猎的艺术领域都有不同凡响的震荡，其中最为突出的当数他的水墨山水，而这个中国绘画史上山水画高峰的出现，就是傅抱石8年怀抱川东的草木山石、流泉飞瀑，以及拥翠浮岚形成的。在20世纪的山水画大家中，把强烈的个人感情、人生观与宇宙观融入山水画的构思里，应该说傅抱石是最突出的一人。

放眼中国山水画的历史背景，庶几才更能真切地体味抱石先生的创造与贡献。

中国的山水画，那是一条渊源有自的长河，在这条充满文学意味和传统文化精神的溪流中，无数画家为之徜徉甚至奋不顾身。读傅抱石先生的画，品味他的创作状态，让人想起吴道子。

吴道子的写意山水的影响是深远的。可惜的是，他的这种艺术精神，常常为匠意太多的画家所疏离。傅抱石写过一本中国美术史，并亲自教诲、引导诸多莘莘学子领略其中的风采，对于这种疏忽，他自然洞若观火，他在自己的艺术实践中，深深记住了这种不应被忽视的艺术精神：创新。

山水画的出现较花鸟画为晚，这是众所周知的事实，这两种画科，在体现作者的人格精神的张扬以及人生和艺术的追求上，较人物画有更多的表现余地。宋代，有人把人的生活感受与自然变化结合起来，通过山水表示自己的政治观点与审美取向，这更符合儒家的入世思想，也为宋以后历代画家，包括今天的画家所接受，所依傍。抱石先生说："时代变了，笔墨不能不变。"他说这番话时的面容一定是极其认真、诚恳的，细细品味内中的道理，也是这层意思。这种认识，已成为普通的绘画理论常识，为每个稍懂笔墨的人所认同。

这其实是一种人文精神。也是一种被一些画家们口头承认，而往往在诉诸笔端时被有意或无意地忽视、兑现不了的准则和精神。

傅抱石博学多才，当品评历代画家和作品的得与失时，就为自己的创作思想和创作实践树立了一面不断完善自我的镜子。

问题不在于原则的确立，对于艺术家来说，更为重要的也许是手段的表达，即形式创造。用什么样的笔墨来折射出自己独特的生活感受和理念情操？对于山水画家，就有了一系列技法的创造、发明，用这些“新式武器”来营构、表述自己对自然的认识、赞美，并企图永恒化。唐人的山水画有了皴法，其后的墨线作皴、披麻皴、斧劈皴，米点、泼墨等等，也都一一流淌在画家的笔下，在白白的宣纸、泛黄的皮纸或缣素上，浑然现出立体的或峥嵘，或奇诡，或旷远，或飘逸，或浓，或淡的景象来。

打开一本本集古画册，甚至当今的古代名画挂历，在上方、下方或左左右右落满了一方方御赏、鉴赏的权威印玺印章之下、之中，呈现在眼前的常是相似、相类的构图、笔墨和色彩，四平八稳，呆板而了无生气。明代山水画总体趋向复古，前期的浙派、中期的吴门画派，以及晚期的文人画都偏重笔墨形式；清初四家中，王原祁的《写右丞山庄图》如此，王翚的《小阁临溪》也是如此，不一而足，它们唤不起我们的审美激情。它们的珍贵，只灿烂在时间老人的袖套中。历史铸就了它们的价值，却难赋予它们旺盛新鲜的艺术生命，更遑论永恒的艺术魅力。

任何文化一旦失去蓬勃的生命创造，就难赋深情，必然穷途末路。山水画由于刻意玩味笔墨功夫而走向衰败，乃是必然。在这些精致无比、讲究笔墨之中，生活、创造的激情光辉日渐黯淡下去，文化的多方位的审美功能被阉割，激昂的潮头低落下来，一切都圆熟到了呆板、僵硬和规范之中，最终积淀为古玩、博物馆的价值，它们无法走进一代又一代人们的心里，唤不起艺术是为了人类的自由和进步的崇高使命感。这是士大夫画家的悲哀，也是中国传统文化的悲哀。艺术的回声在历史的深度和时间的广度上，显得多么单调、细弱。

傅抱石领略到了这种苍茫无告的无奈。他审慎的、不无遗憾的目光，掠过无数的画作，在一次又一次的失望和叹息之后，终于有了眼睛为之一亮的喜悦。

清代出现了朱耷、石涛、扬州八怪等巨匠。文化的长河中终于泛起哗哗巨浪，潮头拍打艺术的堤岸，发出崩云裂岸之响。朱耷在自己的作品中，熔铸了苍凉、蔑视和孤傲，他是一个时代的弃儿，一个内心失落、灵魂无比痛苦的画家，他只有在自己的作品中才能得到解脱。人们在面对朱耷奇崛的作品时，看到了朱耷在绝境中的黯然神伤，在黄色的字纸上枯瘦、寥落而又苍劲的笔墨后面，目睹到了那趺坐在青灯如豆旁双目紧闭的清癯老人。

在南昌度过青少年时代的傅抱石，自然感觉到了这位明王室后裔精神世界的伤痛，从中看明白了两个字：自我。即便面对石涛，令他五体投地的也只是其笔墨精神。

假如人们面对艺术品，没有任何联想与共鸣，只是礼貌地浏览，解读不出其中的感悟，这是欣赏者的愚钝，还是作者本人的悲哀呢？人物、花鸟画能够表现美丑和悲剧，作者的思想和手腕会使花鸟容颜变色，“感时花溅泪，恨别鸟惊心”，在表现对象上充分反映情感内容。山水画就上述使命来说，它只属于美。

美是一切热情的基础，但不是一切。在山水画中，除了美和审美趣味，还应有相应的、独特的表现手段。

用气韵生动来涵盖山水画的成就，只是一种套话，适用于所有溢美之词以及不同层次的欣赏者的口头和文字的需要。气和韵本是两种审美尺度，它们又有规范前提，在品评具体作品时，这句话往往显得空泛、苍白无力。画家面对画纸所能表达的内容，或者是读者所能领会出来的东西，取决于作者的境界和对自然的熟悉、把握是不是独特，富有文化意味，更为重要的是表现手段能否准确反映这种意识，而且也独特。

艺术的本质就是差异，独特意味着差异。

在存世的林林总总的山水画中，能够体现自己个性，“我之为我，自有我在”，谈何容易？特别是某种价值取向成为定式，被养成程式化的审美习惯时，正本清源、改变时尚就非常不易。抱石先生仰慕的石涛，无疑是山水画大家。他画山水笔意恣纵，淋漓洒脱，奇险中兼绕秀丽，郑板桥评价道：“石涛画法，千变万化，离奇苍古而又能超秀妥帖……”

在川东金刚坡下生息的傅抱石，一直不曾忘怀石涛，礼敬这位充满了大胆革新与创造精神的先人。他对石涛的作品“痴嗜甚深”，不仅写了《石涛上人年谱》，还临摹大师的作品，仿作过石涛山水，他创作的《大涤草堂图》，徐悲鸿题额“元气淋漓，真宰上诉”。这些都是傅先生“石涛情结”的彻底宣泄和精神张扬。

他完成了创造全新的生命和全新的笔墨精神的一切准备。

巴山蜀水的奇异诡谲在傅抱石的胸中累积，血脉中奔涌着拥抱自然的狂喜热血。

数年前，我在南京傅厚岗傅家小楼里，与傅师母时慧老人及二石、益瑶多次交谈时，言及傅先生生前的那种不可抑制、一往无前的创作状态，简直让人神迷，感佩不已。微醺后的傅抱石，进入了创作状态，他调整好思绪，用“心”扑向皮纸，饱蘸墨汁，迅速进击，快意挥洒，用杜甫的诗“笔落惊风雨，诗成泣鬼神”形容才为贴切。

胸中丘壑是早已安排好了的，那份不可遏制的激情，那种刹那间涌动上来的迁想妙得的无上智慧喷发而出，稍有迟疑就会飞纵而逝，只有连皴带擦一步来的手段，才不至于辜负一腔豪情，才不至于让灵感从笔下滑走。

大大小小、挤挤拥拥、迭迭重重的墨团，深深浅浅、长长短短、粗粗细细的线条，倏忽向东、向西、向上、向下的移动变化，梦幻般地组合在一起，突兀出一片淋漓苍茫的世界，画面上时雨、时云、时烟，或山、或水、或桥，风声、雨声、飞瀑流泉砯崖喧，一派天地自然图画。

“抱石皴”这个横空出世的绘画手段，是用燃烧生命，以血和火铸炼出来的本领。别人可以学他的《平沙落雁》的构图、《台高出城阙　一望大江开》的意境，但无法描摹或重复出他的跃动的生命力所喷发出来的激情。

唐代“草圣”张旭，是一位在草书上具有开拓精神并别具风格的大家，《旧唐书》说道：“旭善草书，而好酒。每醉后号呼狂走，索笔挥洒，变化无穷，若有神助。”唐人李颀写他：“露顶据麻床，长叫三五声。兴来

*

傅抱石在日本

酒素壁，挥笔如流星。”与张旭的这种癫狂状态相埒，抱石先生挥洒时的“小豁胸中气”可以比兴。

从这种无我无他的境地中平静下来，抱石先生再小心地做细部收拾，《待细把江山图画》，加个人物，添条小舟，在动与静、阴与阳的和谐构架中完成一次又一次美的升华。

在泼墨山水的写意之外，傅抱石开拓了一条奇异的山水画新路。吴道子是写蜀中山水开写意山水先河的，而傅抱石也是怀抱川蜀山水而自成一家。这多少有点耐人寻味。“抱石皴”的创造，是浪漫主义情怀所达到的一个新高峰。于这种笔墨精神中，我们在吴道子、米芾、石涛等人的衬映下，看到了一个昂然的江西籍人的身躯——傅抱石！

这是傅抱石于8年抗战时期，在中国巴蜀地区对我国传统文化的一个特别巨大的贡献。他能把生命创造的激情与山水自然碰撞的黄钟大吕，敲响在宇宙之间，这种浩然正气，这种磅礴大气，这种表达人类自由与进步的声音，是中华民族精神的文化层面的发扬与光大。在正义与邪恶的较量中，在血与火的洗礼中，诞生出的澎湃激情的艺术之花，是多么鲜活、亮眼，独标高风。这种光彩直到今天及至永远，都会光照我们从任何情况下的颓势中奋起。

傅抱石先疑是当代积极的浪漫主义风格的山水画大师。

傅抱石简要年表

* 1904 年（清光绪三十年 甲辰）

10 月 5 日（农历八月二十六日）生于江西南昌，祖籍江西新喻县（现新余市）。父亲傅得贵（字聚和），母亲（傅徐氏，江西新建县人）皆出身贫雇农，在南昌以补伞为生。傅抱石小名长生，有一姐名招娣，长傅抱石 8 岁。

* 1909 年（清宣统元年 己酉）5 岁

家贫无力入学，从一街坊巡警陶某识字。

* 1910 年（清宣统二年 庚戌）6 岁

进南昌“新喻会馆”私塾附读（免费旁听）。

* 1911 年（清宣统三年 辛亥）7 岁

仍在私塾附读，并开始摸索自己刻印。

* 1912 年（民国元年 壬子）8 岁

得《康熙字典》，渐通篆法，学刻印更勤，已能刻白文篆书印。

* 1913年（民国二年 癸丑）9岁

入小学半年。

* 1914年（民国三年 甲寅）10岁

辍学，做小生意，帮助家庭维持生计。

* 1915年（民国四年 乙卯）11岁

在瓷器店学徒，开始自学篆刻、书画。

* 1916年（民国五年 丙辰）12岁

患肺病，体弱不支离开瓷器店，读书自学，习画刻印。

* 1917年（民国六年 丁巳）13岁

入南昌江西第一师范附属小学，插班进初小四年级就读。学名傅瑞麟。

* 1918年（民国七年 戊午）14岁

升入高小一年级。所刻印章已斐然可观。

* 1919年（民国八年 己未）15岁

仍读省立第一师范附小。钻研《种榆仙馆印谱》《二金蝶堂印存》等印谱。

* 1920年（民国九年 庚申）16岁

升入高小三年级。所临国画及仿刻赵之谦、陈鸿寿印章颇能乱真。

* 1921年（民国十年 辛酉）17岁

高小毕业（当时学制，初小四年，高小三年），成绩第一，免试直升江西省第一师范预科。秋，父得贵公病逝。倾心治印，潜心研究印史，涉猎诸派，亦仿赵之谦，后公开收件，艺名“抱石斋主人”。

* 1922年（民国十一年 壬戌）18岁

升入省第一师范本科，进英文班一年级。课余协助学校图书馆工作，得以博览群书。

* 1923年（民国十二年 癸亥）19岁

在省立第一师范读书。转入艺术科一年级，开始美术创作活动和美术史论研究工作。篆刻作品已蔚然大观。

* 1924年（民国十三年 甲子）20岁

读省第一师范艺术科二年级。参与组织“南昌青年学会”，积极参加各种进步活动。

* 1925年（民国十四年 乙丑）21岁

在江西省第一师范艺术科三年级学习，完成第一部著作《国画源流概述》。

作山水四条屏：《秋林水阁》《松崖对饮》《竹下骑驴》，署名抱石；《策杖携琴》署名抱石斋主人。是迄今发现现存傅抱石最早的国画作品。

* 1926年（民国十五年 丙寅）22岁

于江西省立第一师范艺术科毕业。留任该校附属小学（南昌模范小学）教员。《摹印学》稿成。

* 1927年（民国十六年 丁卯）23岁

自拓自编《篆刻作品集》四册，收入自1924年起所积累的篆刻作品数百方。

* 1928年（民国十七年 戊辰）24岁

仍任南昌模范小学（即省立一师附小）教员，同时在江西省立第一师范（不久改名为江西省立第一中学）兼课。

* 1929年（民国十八年 己巳）25岁

辞去南昌模范小学教职，转聘为省立第一中学初中部教师，并先后兼任南昌私立鸿声、洪都、心远、女师等校图画教师。完成授课讲义《中国绘画变迁史纲》。

* 1930年（民国十九年 庚午）26岁

1月，与高中艺术科学生罗时慧结婚。罗时慧小名奉姑，1911年生，时年19岁。成婚后居肖家巷1号。

升任省立一中高中部艺术科主课教师，讲授国画、手工和音乐课程。兼任省立第二职业学校图画课教师。

* 1931年（民国二十年 辛未）27岁

《中国绘画变迁史纲》在上海南京书店出版。此书是傅抱石出版的第一部美术史著作。

与徐悲鸿相识于南昌。

* 1932年（民国二十一年 壬申）28岁

赴日本留学前回老家新喻，新喻傅氏“十伦堂”（即十村姓傅的）的族长、士绅等为之设宴饯行，章塘村的父老将众有的一山松树变卖，资其留学。

秋天赴日，考察日本陶瓷现状，收集材料，撰写考察报告。年末，经朱洁夫介绍，在日本千叶县市川镇结识郭沫若。

长子傅小石（字益钧）出生。

* 1933年（民国二十二年 癸酉）29岁

在日本。6月因经济拮据回国筹措经费。《傅抱石所造印稿》辑成，上下两册，收印拓共120余方。八月再赴日本。

* 1934年（民国二十三年 甲戌）30岁

在日本东京。投学于东京日本帝国美术学校（今武藏野美术大学前身），师从著名学者金原省吾，主修东方美术史，兼学雕塑，并继续研习绘画、篆刻。翻译日人梅泽和轩所著《南宗画祖王摩诘》，5月译出金原省吾《唐代之绘画》《宋代之绘画》《东洋美术史》。7月帝国美术学校放暑假，短暂回国，9月回到东京。

* 1935年（民国二十四年 乙亥）31岁

编撰《苦瓜和尚年表》在日本发表。

3月，写于东京的《中华民族美术之展望与建设》一文，于5月发表在《文化建设》上。

5月，在东京银座松坂屋举办《傅抱石金石书画展》，共展出印章、山水、人物、花鸟作品共175件。这是傅抱石的第一次个人作品展。

6月24日因母亲病笃提前启程回国。拟9月再来日本读两年，并拟于11月在名古屋松坂屋再办展览，皆未能如愿。

8月，著作《中国绘画理论》由商务印书馆出版。

9月，任中央大学教育学院艺术科讲师。完成《中国美术年表》。

10月，《论顾恺之至荆浩之山水画史问题》发表于《东方杂志》。

* 1936年（民国二十五年 丙子）32岁

次子傅二石（字益钜）出生。

编译《基本图案学》出版，编著《基本工艺图案法》出版，译作《郎世宁传考略》发表；《日本法隆寺》《印章源流》《石涛年谱稿》《论秦汉诸美术与西方之关系》等文发表。

在江西南昌举办书画个展，展出作品一百余件。

* 1937年（民国二十六年 丁丑）33岁

《中国美术年表》出版。发表《石涛丛考》《石涛再考》等，完成《石涛画论之研究》《石涛生卒考》《六朝时代之绘画》等文。

7月7日，日军进攻卢沟桥，抗日战争全面爆发。

11月上海沦陷。南京中央大学西迁。傅抱石只身经安徽宣城返回南昌家中。

* 1938年（民国二十七年 戊寅）34岁

1月底率二子并妻子、岳母回老家新喻章塘。

7月携全家由新喻抵武汉，在抗日军政委员会政治部三厅任秘书。经常往返于株洲、衡山、东安、桂林等地，从事抗日宣传工作。全家由湖南东安到桂林。

* 1939年（民国二十八年 己卯）35岁

辗转到达四川重庆，寓居西郊金刚坡下，自署居所为“金刚坡下山斋”。

所编《中国明末民族艺人传》出版。著《关于印人黄牧父》《中国美术史——古代篇》。8月重回中央大学教育学院，在艺术科兼课。

* 1940年（民国二十九年 庚辰）36岁

4月，《晋顾恺之画云台山记之研究》发表。

长女益珊出生。

8月，政治部三厅改组，郭沫若等退出；傅抱石亦回中央大学任教，往返于金刚坡与沙坪坝之间。

* 1941年（民国三十年 辛巳）37岁

发表《读周栎园〈印人传〉》。

经教育部审定为正教授。

* 1942年（民国三十一年 壬午）38岁

3月作《大涤草堂图》，徐悲鸿为之题塘："元气淋漓，真宰上诉。"

创作《屈原》《石涛上人像》《陶渊明像》《龚半千与费密游诗意》《观海图》等。

9月，在重庆举办"壬午个展"，展出作品一百件。并写有《壬午重庆画展自序》一文。

* 1943年（民国三十二年 癸未）39岁

应聘为国立艺术专科学校中国画科主任，秦宣夫为西画科主任。

先后在重庆、昆明两地举行个展。

作品有《桐荫读画》《仿石涛山水》《巴山夜雨》《萧然放艇学渔人》等。

* 1944年（民国三十三年 甲申）40岁

在重庆举办"傅抱石画展"。

在昆明举办"郭沫若书法、傅抱石国画联展"。

次女益璇出生。

秋，应聘中央大学，离开"艺专"。

作品有《丽人行》《万竿烟雨》《山阴道上》《苏武牧羊》《琵琶行》《长干行诗意》等。

山水画新技法“抱石皴”形成风格。

* 1945年（民国三十四年 乙酉）41岁

参加民主运动，在中国文学艺术界“对时局宣言”上签名。

作品有山水画《潇潇暮雨》《风雨归牧图》《听瀑图》《千峰送雨》《水阁围棋》等，人物画有《为时慧作》《虎溪三笑》《渊明携酒》《晋贤图》《擘阮图》等。这一年，有较多人物画。

* 1946年（民国三十五年 丙戌）42岁

10月，随中央大学由重庆回到南京。

年底，与徐悲鸿、陈之佛、吕斯百、秦宣夫联合举行画展。

* 1947年（民国三十六年 丁亥）43岁

三女益瑶出生。

《明清之际的中国画》《中国绘画之精神》发表。

10月，在上海南京东路慈淑大厦“中国艺苑”举办“傅抱石教授画展”，共展出180余件作品，人物、山水各半，多为巨制。

* 1948年（民国三十七年 戊子）44岁

1月，《石涛上人年谱》由京沪周刊社出版。

于南京城北傅厚岗置小楼，是为傅厚岗6号，迄今完好。

中国人民解放军在大陆战场节节胜利，国民党计划迁台，傅抱石拒绝去台。

冬，合家回南昌。

* 1949年 己丑 45岁

年初在南昌举办画展，展出作品一百件。

小女益玉出生。

年末，举家迁回南京。

中央大学艺术系改为南京大学艺术系，继续执教南京大学艺术系。

* 1950 年 庚寅 46 岁

以毛主席诗词画《沁园春 · 雪词意》《七律 · 长征诗意》《清平乐 · 六盘山词意》参加南京市第一届美展。开以毛主席诗词创作绘画的先河。

* 1951 年 辛卯 47 岁

当选南京市文联常委。

著《初论中国绘画问题》。

* 1952 年 壬辰 48 岁

全国大专院校院系调整，南京大学艺术系并入南京师范学院美术系，任中国画教研室主任，教授。

* 1953 年 癸巳 49 岁

7 月，发表研究论文《南京堂子街太平天国壁画的艺术成就及其在中国近代绘画史上的重要性》。

9 月，以《抢渡大渡河》《更喜岷山千里雪》参加全国第一届国画展。

* 1954 年 甲午 50 岁

应郭沫若之请，为中国人民保卫世界和平委员会作大幅国画《东方红》。

《中国的人物画和山水画》一书出版。

* 1955 年 乙未 51 岁

《湘君》《山鬼》参加第二届全国美展。

* 1956 年 丙申 52 岁

增补为第二届全国政协委员，参加全国政协二届二次会议。

被推选为中国美术家协会南京分会筹委会主任委员。

* 1957 年 丁酉 53 岁

负责筹建江苏省国画院。

5—8 月，率中国美术家代表团访问罗马尼亚、捷克斯洛伐克，作画 50 余幅，是为“东欧系列”，后出版画集二种。

编译《写山要诀》一书出版。著作《山水人物技法》一书出版。

* 1958 年 戊戌 54 岁

《白石老人的艺术渊源》发表。《中国的绘画》《傅抱石画集》出版。

中国美术家协会南京分会筹委会改为中国美术家协会江苏分会筹委会，仍任主任委员。

“江苏省国画展”在北京开展，新作《蝶恋花》《雨花台颂》参加展出。

* 1959 年 己亥 55 岁

“中国画展”在巴基斯坦卡拉奇开幕，以《四季山水——春、夏、秋、冬》及《罗马尼亚——车站》参展。

到湖南长沙、韶山写生，后出版画集《韶山》。

9 月，在北京与关山月合作，为人民大会堂作巨幅山水画《江山如此多娇》，毛泽东亲题画名。

10 月，出席“全国先进工作者群英大会”。

* 1960 年 庚子 56 岁

3 月，江苏省国画院正式成立，任院长。仍兼任南京师范学院教授。

《中国古代山水画史的研究》出版。

4 月，中国美术家协会江苏分会成立，当选为主席。江苏省书法印章研究会成立，任副会长。

8 月，当选为中国美术家协会副主席，全国文联委员。

9 月，率江苏省国画院画家二万三千余里旅行写生，后举办专题画展，并结集出版《山河新貌》画集。

* 1961 年 辛丑 57 岁

《思想变了，笔墨就不能不变》《白石老人的篆刻艺术——齐白石作品集·印谱序》先后在《人民日报》发表。

“山河新貌”画展在北京举行，《待细把江山图画》《枣园春色》《西陵峡》《太华纪游》等名作参展。

6—9 月赴东北写生，作《镜泊飞泉》《天池林海》《林海雪原》《煤都壮观》《老虎滩渔港》《大雨落幽燕》《大地飞泉》等。

11月，在南京举办“傅抱石东北写生画展”。

* 1962年 壬寅 58岁

2月，《郑板桥试论》在《人民日报》发表。

10月，应浙江省委邀请赴杭州休养、写生，创作了《虎跑》《西湖秋雨》《龙井初春》《新安江》《西湖之夜》等一批作品，其后出版了《浙江写生画集》。

* 1963年 癸卯 59岁

4月前依旧在杭州休养、写生，曾与何香凝、潘天寿合作绘画。

为中国驻缅甸使馆作大画《华山图》。

迁居汉口路132号，即今“傅抱石纪念馆”。

10月，回江西南昌，访庐山、井冈山、瑞金等地，创作《黄洋界》《茨坪》等。

* 1964年 甲辰 60岁

当选为第三届全国人民代表大会代表，赴京与会。

* 1965年 乙巳 61岁

1月，全国美展华东地区作品在京展出，巨作《虎踞龙盘今胜昔》参加展出。

9月，飞赴上海拟为上海机场作画。

9月28日回宁，29日因脑出血病逝于汉口路家中，享年61岁。葬于南郊菊花台。

后　记

在中国近现代美术史上，傅抱石无疑是开宗立派的伟大画家之一。他以杰出的绘画实践，冲破数百年来的墨守成规，为中国画特别是山水画，开辟了一条康庄大道。他的创作，山水画和人物画并重，尤其是山水画，自成体系，创造了被后人以他的名字命名的皴法——“抱石皴”。这是他对中国画技法的杰出贡献。

写作关于傅抱石的文字是令人愉快的，更是再学习的过程。

从20世纪80年代中期写作罗时慧与傅抱石相知相爱的《相知》（发表于《花城》）一文，算来距今已近40年，之后曾相继写作并出版过《艺术大师之路——傅抱石》（湖北美术出版社2002年）、《落笔世所稀——傅抱石》（大象出版社2003年）、《傅抱石唐人诗意》（上海书店出版社2003年）、《艺术人生：走近大师——傅抱石》(西泠印社出版社2007年)，并于2011年编选出版了《傅抱石谈中国画》，策划再版傅抱石著《山水人物技法》(上海书店出版社2007年8月)，并参与傅二石先生主导的纪念傅抱石诞辰100周年和105周年的丛书出版事宜……在傅抱石先生的画作和文字面前，心中不由会升起无限敬意，为他的勤奋和天才性的创造慑服，更加勉励自己要向大师学习，“用功，用功，再用功……”

与上述出版单位的几本图书相较，这次中国青年出版社约写傅抱石的青少年时代，既有明确的“青少年”时段年限，更有不言而喻的“立德立志”的榜样示范目的，为此斟酌至再，有如下几个方面考量：

其一是“励志”宗旨，这应是“中青社”的出版目的。突出前辈大师的奋斗精神当为笔墨之重，让现今的青少年从功成名就的大师的人生经历中，汲取更多的有益于自己人生和事业的经验，而不是作更多的文学抒情和描写，因为对于不了解和不熟悉百年前那个时代的青年人来说，更多“合理想象”出的时代背景和具体生活场景渲染、描写，反而会弱化感受大师青年时期努力奋斗的心绪……

其二是考量“青少年”的年龄时限，从其出生到时年35岁即1939年入川为止。这个年龄段的选择是顺理成章之事，与当下青年的年龄划分吻合。傅抱石的绘画风格和大师地位的确立正是在重庆郊外金刚坡下山斋形成的，正如郭沫若之说“抱石入蜀画风改”，就此把他在重庆西郊的生活和艺术贡献纳入青年时代叙述，更为符合傅抱石的努力奋斗的形象。

其三，傅抱石的事业成就和艺术贡献充分体现在他的作品中，那么对其绘画的风格、传承和艺术特点作必要的认知也是应有之义。

据此有了上述文字。不知妥当否？

是为后记。

图书在版编目（CIP）数据

傅抱石 / 山谷著 . -- 北京 : 中国青年出版社 ,
2024. 8. -- (杰出人物的青少年时代). -- ISBN 978-7-5153-7422-2
I. K825.72-49
中国国家版本馆 CIP 数据核字第 2024RW9891 号

总策划：陈章乐
责任编辑：曾玉立
出版发行：中国青年出版社
社址：北京市东城区东四十二条 21 号
网址：www.cyp.com.cn
编辑中心：010-57350402
营销中心：010-57350370
经销：新华书店
印刷：北京科信印刷有限公司
规格：880mm × 1230mm 1/32
印张：7
字数：130 千字
版次：2024 年 10 月北京第 1 版
印次：2024 年 10 月北京第 1 次印刷
定价：45.00 元